Gottes GeRECHTigkeit

Gericht & Gnade

Was sagt die Bibel dazu?

Reihe - HEISSE EISEN 5

Kornelius Novak

Lichtzeichen Verlag

Kornelius Novak

GOTTES GERECHTIGKEIT, GERICHT & GNADE
WAS SAGT DIE BIBEL DAZU?
Reihe - Heiße Eisen 5

1. Auflage 2009
Umschlaggestaltung: Manuela Bähr-Janzen
Foto mit Hammer: © Wolfram Zummach - Fotolia.com
Satz: Manuela Bähr-Janzen
Druck: Druckhaus Harms
Printed in Germany.

ISBN: 978-3-86954-007-8
Bestell-Nr.: 30-5-896

Inhalt

Vorwort

Viele Menschen fragen: „Wie soll ich glauben, dass Gott Liebe ist, wenn ich tausende von Menschen elendig leiden sehe?" Oder: „Wenn Gott gerecht ist, warum lässt er dann keinen Blitz auf all diejenigen los, die mit ihrer Ungerechtigkeit und Bosheit andere in endloses Leid stürzen?" Hier gibt es die Antwort, nach der du vielleicht schon lange suchst!

Zu den beschriebenen Fragen kommt die Tatsache hinzu, dass in vielen „christlichen Kreisen" eine komplett irrige Vorstellung über Gottes Gerechtigkeit, Liebe und Gnade gelehrt wird. Selbst aus freikirchlichen Kreisen haben mir Menschen dankbar bestätigt, dass sie viele der folgenden biblischen Wahrheiten noch nie gehört haben. Dabei stehen sie seit geraumer Zeit in der Bibel! Da sich diese Rückmeldungen in der letzten Zeit häuften, habe ich es mir zur Aufgabe gemacht, mit den folgenden Ausführungen denen eine Hilfe zu bieten, die Gott so verstehen wollen, wie er wirklich ist und insbesondere denen, die ein Leben in der echten Gnade Gottes leben möchten, nicht in modernen religiösen Illusionen - denn davon gibt es heutzutage genug!

Gottes Gerechtigkeit

Wenn wir in der westlichen Welt den Begriff „Gerechtigkeit" hören, dann denken wir gleich an Gesetze und Gesetzesbruch und damit verbunden an Gericht und die gerechte Strafe. Aber:

Gerechtigkeit ist zunächst ein Beziehungsbegriff.

Es ist ja so, dass sich gerechtes bzw. ungerechtes Handeln in Beziehungen äußert. Ein Beispiel: Wenn ein Fremder an meiner Türe klingelt und bei mir wohnen will, dann bin ich nicht ungerecht, wenn ich ihn in ein Hotel schicke. Aber wenn meine Frau „anklopft" und ich dasselbe mit ihr tue, dann ist das mit Sicherheit „ungerecht" - dann stimmt was in unserer Beziehung nicht! Wenn wir uns gerecht verhalten, dann verhalten wir uns einem Polizisten gegenüber anders als einem Freund, unserem Chef gegenüber anders als unseren Verwandten... Jetzt gehen wir einen Schritt weiter und möchten über folgende Tatsache nachdenken:

Gerechtes Denken und Handeln ist an Gott persönlich orientiert.

Nachdem Gott Himmel und Erde erschaffen hatte, schuf er den Menschen, um mit ihm gemeinsam zu leben. Im Paradies gab es aber für den Menschen keine schriftlichen Gebote wie: „Du sollst nicht lügen; du sollst nicht stehlen,...", denn als Ebenbild Gottes sollte sich der Mensch in allem an Gott orientieren. Wir sind oft dienstlich unterwegs und zu Gast bei Leuten. Bei der Gelegenheit haben wir aber noch nie erlebt, dass uns jemand eine Hausordnung in die Hand gedrückt hätte. Aber machen wir nun als Gäste, was wir wollen? Nein! Es ist ein ungeschriebenes Gesetz, dass man sich als Gast einfach am Hausherrn orientiert. Wenn er die Schuhe im Hauseingang auszieht, dann tun wir das auch. Wir warten darauf zu erfahren, wo wir uns hinsetzen dürfen und bedienen uns nicht selber am Kühlschrank,... Das ist doch normal - und hier ist die „Norm": Der Mensch soll sich in allem an Gott orientieren. Das gilt für alle Lebensziele, Werte, Prioritäten, Motive sowie für unser Denken, Reden und Handeln.

Was ist das Ebenbild Gottes?

Fakt ist: Wir wüssten heute nicht mehr, um was es sich bei der „Ebenbildlichkeit des Menschen" handelt, weil sich die ersten Menschen von Gott trennten und so aus dem Ebenbild Gottes ein Zerrbild wurde. Ohne Jesus - den „zweiten Adam" - wüssten wir nicht mehr, was ein Ebenbild Gottes ist. Aber in Gottes Wort heißt es über Jesus:

> *„Er ist der Abglanz von Gottes Herrlichkeit und das Ebenbild von seinem Wesen..." (Heb. 1,3a)*

Wir sehen also: Das Wesentliche an der Ebenbildlichkeit des Menschen ist das „Heilige Wesen Gottes“ im Menschen. Jesus verwirklichte Gottes heiliges Wesen in seinem Wesen, Denken, Reden und Handeln - und das sollten eigentlich alle Menschen! Gott will sein heiliges Wesen im Menschen und durch den Menschen in der Welt verwirklichen.

Kein Elternpaar legt seinen Kindern geschriebene Gesetze mit in die Wiege. Das wäre abnormal! Normal ist die Tatsache, dass die Eltern Vorbilder sind und das Kind während der Erziehung durch ihr Leben und Verhalten prägen - das ist ein ungeschriebenes Gesetz! Und das gilt auch im Bezug auf Gott. Gott ist die Gerechtigkeit in Person. Der Mensch soll sich in allen Werten und Lebensfragen an Gott persönlich orientieren. Das ist normal - Gott persönlich ist die Norm. Der Mensch, der sich im Einflussbereich Gottes befindet, wurde von Gott selber geprägt. Nur dadurch war der Mensch der Abglanz von Gottes Herrlichkeit und das Ebenbild seines Wesens (Heb. 1,3). Der Mensch braucht Gott, um im wahrsten Sinne des Wortes Mensch zu sein.

Wie der Mensch ungerecht wurde

Satan wusste, dass der Mensch das Ebenbild Gottes ist und von Gott die Verantwortung über die Welt bekommen hatte. Wenn Satan den Menschen dazu bringen würde, auf ihn zu hören, würde er zum Weltherrscher werden. Denn es gibt ein Prinzip: Wem du gehorchst, der ist dein Herr und wer dir gehorcht, der ist dein Knecht! Satan konnte den Menschen aber zu nichts zwingen, weil der Mensch von Gott perfekt geschaffen wurde. Das heißt nicht, dass der Mensch automatisch heilig und gerecht ist, sondern:

Bei der Perfektion des Menschen geht es um unsere Fähigkeit, das Gute und Richtige freiwillig und aus Überzeugung tun zu können.

Ein Kommunist fragte mich einmal, wie man von einer perfekten Schöpfung reden könne, wenn der Mensch sich anschließend von Gott abwendet und der Erdkreis in der Folge zu einem Teufelskreis wird? Ich machte ihn darauf aufmerksam, dass es einen Unterschied zwischen Perfektion und Funktion gibt. Der Kommunist meinte unüberlegt, dass der perfekte Mensch irgendwie ein „implantiertes, heiliges Niveau“ haben müsse. Daraufhin fragte ich ihn: „Was ist der perfekte Mensch? Einer, der das Gute und Richtige freiwillig und aus Überzeugung tut? Oder einer, der wie ein Roboter gar nicht anders kann, sondern das Gute und Richtige automatisch tut?“ Der Kommunist erkannte gleich, dass der perfekte Mensch das Gute und Richtige freiwillig und aus Überzeugung tut. Erkennst du diese Perfektion des Menschen? Die Bibel betont den freien Willen des Menschen. Gott will nicht, dass wir das Gute und Richtige nur aus Zwang oder Angst tun, sondern freiwillig und aus Überzeugung.

> *„...aber ohne deinen Willen wollte ich nichts tun, damit das Gute dir nicht abgenötigt wäre, sondern freiwillig geschehe.“ (Phlm. 1,14)*

Gott will, dass wir freiwillig und aus Überzeugung das Gute und Richtige tun! In diesem Sinne war der Mensch perfekt von Gott erschaffen worden - und in diesem Sinne ist der Mensch bis heute perfekt! Jeder Mensch könnte sich an Gott und seinem Wort orientieren und danach leben.

Gott wirkt sein ebenbildliches, heiliges und gerechtes Wesen im Menschen nicht am Willen des Menschen vorbei, sondern er begegnete dem Menschen in seiner göttlichen Liebe und seinem unbegrenzten Wohlwollen, so dass der Mensch freiwillig und aus Überzeugung die Gemeinschaft mit Gott pflegen wollte, ihn als wohlwollenden Herrn anerkannte, ihn liebte, ihm vertraute und gehorchte. **Die heilige Ebenbildlichkeit des Menschen und somit das gerechte Denken, Reden und Handeln war eine ganz natürliche Folge der ungezwungenen und liebevollen Gemeinschaft des Menschen mit Gott.**

Übrigens: Wenn wir von dieser Perfektion des Menschen reden, dann reden wir über **Liebe**! Alles, was wir aus Liebe tun, tun wir freiwillig und aus Überzeugung. Niemand hat mich dazu gezwungen, meine Frau zu heiraten. Ich habe es freiwillig getan. Das gilt auch in der Beziehung zu Gott: Gott ist Liebe und er will mit Menschen zusammenleben, die ihn ebenfalls lieben; Menschen, die freiwillig und aus Überzeugung mit ihm leben wollen.

Gottes Liebe ist die Grundlage für die Fähigkeit des Menschen, richtige Überzeugungen zu gewinnen und freiwillige Entscheidungen treffen zu können.

Gott schuf den Menschen in diese liebevolle Beziehung zu sich hin. Das erste, wovon der Mensch überzeugt war, als er den Schöpfer und die Schöpfung wahrnehmen konnte, war die Tatsache: „Gott ist Liebe, er liebt mich und er hat alles wunderbar geschaffen!" Und das nächste, was der Mensch empfand, war die reine, ungezwungene und natürliche Gegenliebe zu Gott und der Schöpfung. Als Ebenbild Gottes lebte der Mensch freiwillig und aus Überzeugung mit Gott. Als Ebenbild Gottes orientierte er sich freiwillig und aus Überzeugung an Gott und seinen Vorstellungen darüber, was gut und böse ist. In dieser positiven Verbundenheit war der Mensch als Verwalter in der Welt eingesetzt worden. Er verwirklichte Gottes Herrlichkeit und Heiligkeit in der Welt.

Satan konnte nun den Menschen zu keinem Ungehorsam gegenüber Gott zwingen. Aber er ahnte, dass er Weltherrscher werden könnte, wenn er den Menschen dazu bringen würde, seine richtigen Überzeugungen zu ändern und ihm zu gehorchen und nicht mehr Gott. Seine einzige Möglichkeit bestand darin, dem Menschen Zweifel und Lügen über Gott einzureden. Das ist die Art und Weise, wie Satan bis heute vorgeht, um Menschen von Gott loszulösen, oder sie getrennt von ihm in einem Leben der Sünde zu halten. **Gottes Wort zeigt uns deutlich, dass Satan Zugang zu den Gedanken der Menschen hat (Eph. 2,1-3).** Satan weiß ja, dass wir immer freiwillig das tun werden, wovon wir überzeugt sind. Also arbeitet er an unseren Überzeugungen.

Um die ersten Menschen von Gott trennen zu können, redete Satan ihnen im Prinzip ein, dass sie wie Gott sein könnten, wenn sie ihm gegenüber ungehorsam werden würden. Satan sagte:

> *„Sondern Gott weiß: An dem Tag, da ihr davon eßt, werden euch die Augen geöffnet, und ihr werdet sein wie Gott und werdet erkennen, was gut und böse ist!" (1. Mose 3,5)*

Manche meinen, dass die Sache mit der „Frucht" ein Märchen sei. Aber du musst dabei beachten, dass es ja nicht um die Frucht an sich geht, sondern um das, was damit verbunden ist. Wenn ein Politiker einer Atommacht auf den „roten Knopf" drückt, dann hört es sich lächerlich an, wenn nachher einer der wenigen Überlebenden sagt: „Die ganze Welt ist zerstört, nur weil einer auf einen roten Knopf gedrückt hat!" Aber es ist so! Der

Mensch wusste, dass er diese eine Frucht nicht essen durfte und es war ihm klar, dass er damit seine Rebellion gegen Gott zum Ausdruck bringen würde, wenn er es doch täte. Nachdem sich der Mensch nun von Satan einreden ließ, selber Gott sein zu können, hatte er nur noch dieses eine Ziel und nahm von der Frucht. Das Fatale daran war vermutlich nicht das Essen der Frucht an sich, sondern die damit verbundene Absicht der Menschen, ihr eigener Herrgott sein zu wollen. Sie wollten „ihre heile Welt" für sich alleine haben! Sie wollten aber nicht böse sein. Sie wollten keine Lügner und Heuchler werden und schon gar keine Mörder - all das gab es zu der Zeit ja noch nicht. Sondern sie wollten sein wie Gott. Und wie ist Gott? Gott ist heilig, gerecht und voller Liebe!

Die Menschen gingen freiwillig auf Satans Gedankengang ein und wurden Gott gegenüber ungehorsam. Satan wird in der Bibel als „Engel des Lichts" bezeichnet. Er hatte die ersten Menschen hinters Licht geführt, **also hinter sich selber**, und damit Schritt für Schritt, langsam aber sicher, Tat um Tat in die totale Finsternis.

Wie geht Gott mit unserer Schuld um?

Was passierte, als die ersten Menschen gegen Gott gesündigt hatten? Zuerst gar nichts. Kein Blitz vom Himmel. Wir lesen, dass Gott am Abend nach seiner Gewohnheit mit dem Menschen im Garten spazieren gehen wollte. Ja, wusste Gott denn nicht, was da vorgefallen war? Sicher wusste er das. Gott hätte augenblicklich in Feuer und Donner auftauchen und die Menschen vor einen Bildschirm zerren können, um ihnen all die Gräueltaten zu zeigen, die zukünftig in der Welt geschehen würden - „und alles als Folge eurer Sünde!!!" Gott hätte die Menschen fix und fertig machen können. Aber das tat er nicht. Stattdessen ging er abends spazieren und suchte Adam und Eva, weil diese das erste Mal in ihrem Leben nicht mitgehen wollten. Als Gott sie in ihrem Versteck hinter dem Busch fand, fragte er Adam, so, als ob er von nichts wüsste:

> *„Hast du etwa von dem Baum gegessen, von dem ich dir geboten habe, du solltest nicht davon essen?" (1. Mose 3,11b)*

„Hast du etwa...??" Als ob Gott das nicht genau wüsste! Warum geht Gott so vor? Ganz einfach: Weil er unser Herz sehen will. Wie gehen wir mit unserer persönlichen Schuld um? Tut es uns leid, dass wir gesündigt haben und bekennen unsere Schuld, oder bringen wir unser Gewissen zum Schweigen? Bricht für uns eine Welt zusammen, oder tun wir so, als ob nichts wäre? Adam hätte über sein Handeln bestürzt sein können, er hätte sein ungehorsames Handeln zugeben können. Aber er schob die Schuld nur auf seine Frau: „Die Frau, die du mir gegeben hast,..." Und darin sehen wir seine ganze Gemeinheit und Boshaftigkeit! Erkennst du die Schuldzuweisung? „Du bist schuld, denn du hast mir ja die Frau gegeben!" Adam hatte sich für einen Weg ohne Gott entschieden. Als Gott ihn rief, kam er, aber er kam unwillig. Er kam widerwillig und seine Antwort war böswillig.

Hast du nicht auch schon versucht, deine Schuld auf andere zu schieben, wenn du darauf angesprochen wurdest? Hast du Gott nicht auch schon Vorwürfe gemacht, dass er doch selbst schuld an allem ist, da er doch alles geschaffen hat? Die Frau fand auch einen Schuldigen! „Der Satan ist schuld!" Hier siehst du: Man kann Recht haben und dennoch unrecht handeln.

Was mich immer wieder erstaunt, ist die Tatsache, dass Gott den Menschen seinen Weg gehen ließ! Jesus kam auf diese Tatsache zurück, als er 4000 Jahre später den Menschen die Geschichte vom verlassenen Vater erzählte: Ein Vater hatte zwei Söhne. Der eine wollte sein Erbe, um sich selbst zu verwirklichen. Für ihn war der Vater bereits gestorben. Ich konnte nie ganz begreifen, warum Jesus die Geschichte so erzählte, dass der Vater dem Sohn das Erbe gibt und ihn gehen lässt. Ohne einen Vorwurf, ohne einen Steinwurf, ohne dass er dem Sohn Steine in den Weg legt. Hätte der Vater so reagiert, wie das vielleicht mancher von uns tun würde, dann hätte er diesem Sohn für diese brutale Bosheit mit dem Schrotgewehr hinterher geschossen, ihm einen Pitbull nachgejagt oder ihn zumindest enterbt. Aber dann wäre der Sohn in seiner späteren Existenzkrise nicht zum Vater zurückgekehrt! Das ist die Pointe der Geschichte: **Dass der Vater dem Sohn das Erbe gibt und ihn gehen lässt, zeigt uns die tiefe Liebe und Weisheit des Vaters!** Gott will in seiner Liebe, dass wir freiwillig und aus Überzeugung zu ihm umkehren. Deshalb lässt er uns Menschen gehen. Nur so kann der Tiefpunkt unserer sündhaften Selbstverwirklichung zu einem Wendepunkt werden, wie Jesus es in der Geschichte erzählt:

> *„Ich will mich aufmachen und zu meinem Vater gehen und zu ihm sagen: Vater, ich habe gesündigt gegen den Himmel und vor dir." (Lk. 15,18)*

Gott wartet in seiner Liebe auf unsere Einsicht und darauf, dass wir zu ihm umkehren.

Satans Herrschaft

Als die Menschen anfingen, auf Satan zu hören, wollten sie wie Gott werden und machten Satan somit unbewusst zu ihrem Herrn. Wir denken heute, dass wir unser eigener Herr wären und unabhängig sind, weil wir Satan nicht sehen können. Aber die Bibel lehrt uns eindeutig, dass Satan und die bösen Geister in der Luft herrschen und nach wie vor Zugang zu unseren Gedanken haben. Satan bleibt so lange wie möglich unsichtbar für uns Menschen. Denn seinen besten Einfluss kann er dort ausüben, wo man ihn nicht wahrnimmt und meint, dass es sich um die eigenen Gedanken handelt, die keiner sieht! Dabei sieht Gott sie in aller Deutlichkeit und von Satan kommen sie. Er gibt uns seine Ansichten, Gedanken und Vorschläge ein und wir stehen in der Gefahr, sie als unsere eigenen aufzufassen und darauf einzugehen. **Wer Satans Eingebungen nicht von Gottes Eingebungen unterscheiden kann, der ist der Macht der Sünde ausgeliefert und lebt unter dessen Herrschaft.** Es ist nicht so, dass Satan nur ganz bösen Menschen „Eingebungen“ gibt, sondern jeder Mensch erlebt das unzählige Male am Tag! „Tu dies, lass das, jenes musst du auch haben, du bist nichts, du bist der Größte, beweis dich, lass dir das nicht bieten, rede dich raus, ist doch nur Spaß, einmal ist keinmal,...“ Satans Eingebungen prasseln nonstop auf uns ein und ziehen uns langsam aber sicher in einen Teufelskreis aus weltlichen Zielen, Werten, Prioritäten und

Motiven. Er bearbeitet unsere Überzeugungen und das Ergebnis ist ein weltliches Leben, verstrickt in unzähligen Gedanken, Tatsünden und Unterlassungssünden. Aus dem Erdkreis wurde ein Teufelskreis und das Fatale daran ist: Wir kennen unser Leben nicht anders als mit diesen sündigen Gedanken und Taten! Wir meinen, dass das normal sei, weil wir keinen „heiligen" Vergleich dazu haben.

Es gibt einen anderen Namen für Satan, nämlich „Diabolos", was mit „Durcheinanderbringer" übersetzt werden kann. Wir wollen vielleicht das Gute und Richtige tun, aber ohne Gott als Maßstab sind wir unserer Selbstgerechtigkeit ausgeliefert. Bin Laden meint, dass er im Recht sei, die Amerikaner denken dasselbe von sich... In Afrika werden jährlich tausende Minderjährige von Aidskranken vergewaltigt, weil diese felsenfest davon überzeugt sind, dass sie dadurch gesund würden! Wer hat ihnen das eingeredet? In vielen Ländern opfert man heute noch Kinder und die Menschen, die das tun, meinen, dass das gut sei! Wir hingegen sagen: Das ist satanisch! In Albanien wird bis heute die Blutrache praktiziert. Wenn jemand einen aus meiner Familie umbringt, dann muss einer aus meiner Familie jemanden aus dessen Familie töten und so weiter. Wir sagen, dass dies ein Teufelskreis der Gewalt ist - aber die Albaner halten dagegen: „Wir ehren damit unsere Familie. Aber ihr steckt eure Eltern ins Altersheim! So etwas Gemeines würden wir nie tun!“ Wir sehen: Die ganze Welt steckt in einem Wertechaos. Was ist gut und was nicht? Davon ist auch unsere Gesellschaft, unsere Familie sowie unser persönliches Leben betroffen. Auch unsere Gemeinden bleiben nicht davon verschont. In jedem Teeniekreis werden diese und ähnliche Fragen diskutiert: „Warum kein Sex vor der Ehe? Wo steht, dass man nicht rauchen darf? Warum soll man keine weltliche Musik hören? Das machen doch alle! Wieso keine Schießspiele - ist doch nur ein Spiel! Was ist gegen Homosexualität einzuwenden? Was soll an meinen Kleidern ‚unzüchtig‘ sein?“

Unsere Gesellschaft hat ein Maß an Maßlosigkeit erreicht, das alles Bisherige an Ungerechtigkeiten, Perversionen und Gewalt in den Schatten stellt. Musiksender sind nicht nur zu Sexkanälen geworden, sondern in den gezeigten Szenen wird mittlerweile bewusst das Sexuelle mit dem Okkulten und Brutalen kombiniert. Jugendzeitschriften verführen zu Unzucht und Menschenvergötterung, in offiziellen Tageszeitungen werden Teenager dazu aufgefordert, zuerst sexuelle Erfahrungen mit Partnern des eigenen Geschlechts zu machen: „Wer weiß, es könnte einem ja besser gefallen!“ Und unsere Kinder wachsen in solch einer pervertierten Welt auf und empfinden das als normal. Sie sind ständig damit konfrontiert und verstehen nicht, was ihre „weltfremden christlichen Eltern“ eigentlich haben!

Ohne persönliche Beziehung zu Gott wurde aus dem geisterfüllten und heiligen Wesen ein gottloses Wesen - aus dem Ebenbild wurde ein Zerrbild. Der Mensch ohne Gott ist kein Ebenbild Gottes mehr. Ein Spiegel hat auch kein menschliches Spiegelbild, wenn nicht ein Mensch davor steht. Als die ersten Menschen von Gott getrennt wurden, brachten sie vielleicht intelligente Kinder auf die Welt, aber keine Ebenbilder Gottes mehr, sondern nur noch menschliche Ebenbilder (1. Mose 5,3). Seitdem werden Kinder allein von Eltern geprägt und nicht mehr von dem heiligen Gott. Und das Ergebnis können wir uns heute anschauen.

Das Gesetz Gottes

Nachdem sich die ersten Menschen von Gott getrennt hatten und sich rasant vermehrten, war es nur noch eine Frage der Zeit, bis auf der ganzen Erde ein Teufelskreis entstand. Denn alle Menschen lebten jetzt unter dem Einfluss Satans. Doch Gott hatte bereits einen Plan entwickelt, um uns Menschen zu erretten.

So berief Gott Abraham, der seinerzeit ein verführter Götzendiener war, um aus ihm in seiner Gnade einen neuen Menschen zu machen. Gott wollte ihn selber und durch ihn alle Völker segnen (vgl. 1. Mose 12,1-2).

Durch Abraham rief Gott ein neues Volk ins Leben, ein Volk, dass Gottes Herrlichkeit in der Welt wieder bekannt machen sollte: Das Volk Israel.

Einige hundert Jahre später kam es in der Heilsgeschichte zu dem Tag, als Gott den Nachkommen Abrahams, dem Volk Israel, das „moralische Gesetz", also die 10 Gebote, gab. Moses führte zu dieser Zeit das Volk aus der ägyptischen Gefangenschaft durch die Wüste in das Verheißene Land. Ihr müsst euch mal die Situation bewusst machen! Zu dieser Zeit herrschte ein totales Wertechaos auf der Welt. Jeder, der in irgendeiner Form Macht besaß, konnte sie missbrauchen, wenn er wollte. So wurden ganze Völker geplündert und entführt, versklavt, missbraucht, umgebracht, nicht selten sogar geopfert und gegessen! Jeder entschied selbstsüchtig für sich, was gut und böse war. Jeder stand in der Versuchung, für seine eigene Sicherheit über Leichen zu gehen. Es tobte der absolute Wahnsinn! Das Volk Gottes hatte gerade mehr als 400 Jahre lang unterdrückt und versklavt in Ägypten gelebt, alle Kinder in Moses Alter waren umgebracht worden,... Gott hatte das Volk Israel eben erst aus der Sklaverei befreit - und in diese Situation hinein gab er folgendes Gesetz:

> *„Und Gott redete alle diese Worte und sprach: Ich bin der HERR, dein Gott, der ich dich aus dem Land Ägypten, aus dem Haus der Knechtschaft, herausgeführt habe. Du sollst keine anderen Götter neben mir haben! Du sollst dir kein Bildnis noch irgend ein Gleichnis machen, weder von dem, was oben im Himmel, noch von dem, was unten auf Erden, noch von dem, was in den Wassern, unter der Erde ist. Bete sie nicht an und diene ihnen nicht! Denn ich, der HERR, dein Gott, bin ein eifersüchtiger Gott, der die Schuld der Väter heimsucht an den Kindern bis in das dritte und vierte Glied derer, die mich hassen, der aber Gnade erweist an vielen Tausenden, die mich lieben und meine Gebote halten. Du sollst den Namen des HERRN, deines Gottes, nicht mißbrauchen! Denn der HERR wird den nicht ungestraft lassen, der seinen Namen mißbraucht. Gedenke an den Sabbattag und heilige ihn! Sechs Tage sollst du arbeiten und alle deine Werke tun; aber am sieb-*

ten Tag ist der Sabbat des HERRN, deines Gottes; da sollst du kein Werk tun; weder du, noch dein Sohn, noch deine Tochter, noch dein Knecht, noch deine Magd, noch dein Vieh, noch dein Fremdling, der innerhalb deiner Tore lebt. Denn in sechs Tagen hat der HERR Himmel und Erde gemacht und das Meer und alles, was darinnen ist, und er ruhte am siebten Tag; darum hat der HERR den Sabbattag gesegnet und geheiligt. Du sollst deinen Vater und deine Mutter ehren, damit du lange lebst in dem Land, das der HERR, dein Gott, dir gibt! Du sollst nicht töten! Du sollst nicht ehebrechen! Du sollst nicht stehlen! Du sollst kein falsches Zeugnis reden gegen deinen Nächsten! Du sollst nicht begehren das Haus deines Nächsten! Du sollst nicht begehren die Frau deines Nächsten, noch seinen Knecht, noch seine Magd, noch sein Rind, noch seinen Esel, noch irgend etwas, das dein Nächster hat!" (2. Mose 20,2-17)

Endlich war es Gesetz, dass niemand mein Hab und Gut stehlen, ja nicht einmal begehren durfte! Endlich war es Gesetz, dass niemand meine Frau entführen durfte! Wie froh waren all jene Menschen, die wussten, dass dieses Gesetz von Gott kommt und dass es gilt!

Dass Gott das Gesetz gab, ist ein Akt der reinsten Gnade!

So verstanden das die Menschen der damaligen Zeit. Der Psalmist weiß davon zu berichten:

„Begnadige mich mit deinem Gesetz!“ (Ps. 119,29)

Gottes Gesetz und seine Gnade stehen in keinem Widerspruch zueinander, wie das heute manche behaupten, sondern dass Gott das Gesetz gab, ist ein Zeichen seiner Gnade, Barmherzigkeit und des absoluten Wohlwollens. Die Bibel und vorzugsweise das Neue Testament legt großen Wert darauf, dass alle Menschen erkennen, wie richtig und wichtig das moralische Gesetz ist. Hier ein paar Beispiele:

„Wäre dein Gesetz nicht meine Freude gewesen, so wäre ich vergangen in meinem Elend... Wie habe ich dein Gesetz so lieb! Ich sinne darüber nach den ganzen Tag.“ (Ps. 119,92.97)

„So ist nun das Gesetz heilig, und das Gebot ist heilig, gerecht und gut... Denn wir wissen, daß das Gesetz geistlich ist.“ (Röm. 7,12.14)

„Denn das ist die Liebe zu Gott, daß wir seine Gebote halten; und seine Gebote sind nicht schwer.“ (1. Joh. 5,3)

Jesus sagte: Denn wahrlich, ich sage euch: Bis Himmel und Erde vergehen, wird nicht vergehen der kleinste Buchstabe noch ein Tüpfelchen vom Gesetz, bis es alles geschieht.“ (Mt. 5,18)

Ich könnte die Liste mit solchen Aussagen aus der ganzen Bibel seitenweise fortsetzen. Gott gab uns Menschen die 10 Gebote und weitere wichtige Anweisungen, damit unser Leben gelingt. Erst als es diese Gebote gab, kehrte „Recht und Ordnung" ein und wo sie nicht gelebt werden, wird es nie und nimmer Recht und Ordnung geben!

Die moralischen Gebote Gottes sind nicht **zuerst** dazu da, um uns unsere Sündhaftigkeit vor Augen zu führen, sondern deshalb, **weil** *Gott* **da ist. Denn Gottes Gebote sind Ausdruck seines gerechten Wesens.** Aber klar ist auch: Wer die Göttlichkeit des Gesetzes erkennt, der erkennt gleichzeitig seine Übertretungen und Sünden.

> *„...denn durch das Gesetz kommt Erkenntnis der Sünde." (Röm. 3,20b)*

Ohne Gemeinschaft mit Gott und ohne das Gesetz Gottes leben wir Menschen selbstgerecht, das Gewissen ist bald abgestumpft und die Sündenerkenntnis des Selbstgerechten tendiert gegen null. Aber ab dem Moment, wo wir Menschen Gottes heiliges Gesetz erkennen und als richtig *an*erkennen, da erwacht unser Gewissen, wir sehen unsere Übertretungen und damit unsere Schuld und begreifen, dass wir der ewigen Strafe entgegen gehen.

Der göttliche Charakter des Gesetzes

In den 10 Geboten begegnet uns Gott persönlich, denn sie beginnen mit einer persönlichen Ansage Gottes: „Ich bin der Herr, dein Gott..."

Wer die 10 Gebote nur als 10 Regeln sieht und Gott dahinter übersieht, der versteht sie komplett falsch. Ich möchte das anhand eines Beispiels erklären: Stell dir vor, ich würde hinter einer Pappwand stehen, meine 10 Finger durch 10 kleine Löcher stecken und du würdest nur diese Finger sehen. Kannst du sie getrennt von mir sehen oder verstehen? Nein! Sie sind ein Teil von mir persönlich. Was passiert, wenn du einen der Finger brechen würdest? Hättest du dann einfach nur einen Finger gebrochen, oder hättest du gleichzeitig ein gewaltiges Problem mit mir? Die 10 Gebote sind eine persönliche Offenbarung des gerechten Wesens Gottes. Deshalb beginnen sie mit der Ansage: „Ich bin der Herr, dein Gott!" Du kannst die Gebote nicht von Gott getrennt brechen. Wer meinen kleinen Finger bricht, der kann nicht einfach sagen: „Das war doch nur der kleine Finger, so schlimm ist das nicht..." Genauso wenig kann ein Mensch sagen: „Ich habe doch nur eine ‚kleine Sünde' begangen, so schlimm ist das nicht!" Du musst wissen, dass Gott jede Sünde persönlich nimmt, so wie ich das Brechen meines kleinen Fingers auch persönlich nehmen würde. Du musst wissen, dass es am Jüngsten Gericht nur einen Maßstab für Tatsünden und Unterlassungssünden geben wird und der lautet:

> *„Wahrlich, ich sage euch: Was ihr einem dieser meiner geringsten Brüder getan habt, das habt ihr mir getan!" (Mt. 25,40)*

> *„Wahrlich, ich sage euch: Was ihr nicht getan habt einem von diesen Geringsten, das habt ihr mir auch nicht getan." (Mt. 25,45)*

Tatsünde oder Unterlassungssünde - Gott nimmt alles persönlich, weil er das Maß aller Dinge ist. Wenn du einen Menschen bestohlen hast, dann hast du Gott bestohlen. Wenn du einem Menschen deine Hilfe verweigert hast, dann hast du Jesus im Regen stehen lassen. Wenn du einen Menschen mit einem Schimpfwort betitelt hast, dann hast du Gott damit getroffen. An ihm sind wir Menschen schuldig.

Ein anderes Beispiel: Du kannst gerne mal zu einem Motorradclub mitkommen. Vor dem Clubhaus parken die ganzen Motorräder in einer Reihe. Wenn du mit einem Hammer auf eine der Maschinen draufschlägst, wird sich keine der Maschinen wehren. Aber du wirst bald wissen, wem die Maschine gehört. Du wirst auch zu spüren bekommen, wie persönlich der Besitzer den Schlag mit dem Hammer nimmt, denn er identifiziert sich voll und ganz mit seinem Motorrad. So ist das auch mit Gott. Er hat die ganze Welt geschaffen. Seine Größe zeigt sich darin, dass er jedes kleinste Detail genial und liebevoll gestaltet hat - und wenn sich ein Motorradfahrer so sehr mit seinem Motorrad identifiziert, was meinst du, wie sehr sich Gott der Schöpfer mit seiner Schöpfung identifiziert!? Gott hat sich selber in der Schöpfung verwirklicht. Darum nimmt er auch alles persönlich.

> *„Denn wer das ganze Gesetz hält, sich aber in einem verfehlt, der ist in allem schuldig geworden." (Jak. 2,10)*

Ich dachte früher immer: „Wie soll ich das verstehen? Ich sehe ja ein, dass ich hier und da nicht ganz die Wahrheit gesagt und auch mal was gestohlen habe, ABER ich habe doch keinen umgebracht." Stimmt! Aber darum geht es nicht. Denn „in allem schuldig zu sein" bedeutet nicht, dass wir jede erdenkliche Sünde begangen haben, sondern dass bereits durch eine Sünde das Maß voll ist. Du musst nicht erst alle meine Finger brechen, bevor du das Fass zum Überlaufen gebracht hast, sondern da reicht auch schon der kleine Finger. Die Grenze ist bereits da erreicht, wo wir das erste Mal gegen Gott gesündigt haben, weil Gott alles persönlich nimmt. Jetzt verstehst du vielleicht auch die Aussage Jesu:

> *„Wer aber sagt: Du Narr!, der wird dem höllischen Feuer verfallen sein." (Mt. 5,22)*

Die meisten Menschen hören oder lesen das, aber wollen es nicht wahrhaben. Eine innere Stimme sagt ihnen, dass dies nur eine Übertreibung sei, die sicher nicht so gemeint ist. Sie denken: „Gott wird mich bestimmt nicht wegen solch einer Lappalie in die Hölle stecken." Aber er wird es tun! Vor einiger Zeit hörte ich einen interessanten Fall: Ein Mann wurde wegen Schwarzfahrens zu 200 Tagen Gefängnis verurteilt. Ich dachte, dass ich mich verhört hätte! Doch es war so, dass der Mann das erste Mal erwischt und verwarnt wurde und sich anschließend nicht änderte. Als er wieder erwischt wurde, musste er Bußgeld zahlen. Das tat er nicht und so ging das weiter. Zum Schluss drohte man ihm mit Gefängnis, aber er dachte sich: „Die werden mich sicher nicht wegen Schwarzfahrens ins Gefängnis stecken." Er behielt seine Verhaltensweise bei - und wurde inhaftiert! Wir merken: Letztendlich geht es nicht mehr nur um das Schwarzfahren, sondern um die uneinsichtige Einstellung des Mannes. Er wollte sich einfach nicht ändern und ließ es darauf ankommen - und wer es bei Gott mit den „kleinen Sünden" darauf ankommen lässt, der wird ein grauenvolles Erwachen erleben.

> *„Ich sage euch aber, daß die Menschen am Tag des Gerichts Rechenschaft geben müssen von jedem unnützen Wort, das sie geredet haben." (Mt. 12,36)*

„Der Herr wird sein Volk richten. Schrecklich ist's, in die Hände des lebendigen Gottes zu fallen." (Heb. 10,30)

Wir sollten uns nicht nach menschlichen Ansichten ausrichten, denn Gott wird uns nach seinem Maßstab richten.

Mach dir das mal bewusst: Die Welt ändert ihre Werte und Normen täglich - aber der Himmel hat sich diesen „Veränderungen" nie angepasst! Gottes Maßstäbe und Werte werden nicht mit gottlosen und selbstgerechten Menschen ausgehandelt. Die Wahrheit ändert sich nicht durch die Menge der Lügner und Gottes Heiligkeit und Gerechtigkeit orientiert sich nicht an uns Menschen, sondern wir sollten uns an Gott orientieren. Denn Gott richtet uns nach seinem Maßstab und nicht nach unserem.

Gottes Gericht

Gott hat in seiner Allwissenheit bereits alle Menschen beurteilt und lässt uns folgendes ausrichten:

> *„Da ist keiner, der gerecht ist, auch nicht einer." (Röm. 3,10b)*

> *„Denn es ist kein Unterschied; denn alle haben gesündigt und verfehlen die Herrlichkeit, die sie vor Gott haben sollten..." (Röm. 3,22)*

Gott hat recht mit seiner Beurteilung und deshalb steht auch das Urteil bereits fest.

> *„Wir wissen aber, daß das Gesetz alles, was es spricht, zu denen sagt, die unter dem Gesetz sind, damit jeder Mund verstopft werde und alle Welt vor Gott schuldig sei,..." (Röm. 3,19)*

Schuldig! Gottes Urteil über jeden Menschen ist gefällt und wird seit tausenden von Jahren verkündigt. Die ganze Welt ist vor Gott schuldig. Jesus sagte über sich und das Gericht:

> *„Denn Gott hat seinen Sohn nicht in die Welt gesandt, damit er die Welt richte, sondern damit die Welt durch ihn gerettet werde. Wer an ihn glaubt, wird nicht gerichtet; wer aber nicht glaubt, der ist schon gerichtet..." (Joh. 3,17-18a)*

Wir sind bereits gerichtet! Man kann Schuldige auch in Abwesenheit verurteilen. Eben das hat Gott getan und seitdem lässt er sein Urteil verkündigen. Jesus zeigte dem Johannes in einer Offenbarung, was mit den Ungläubigen passiert:

> *„Und ich sah die Toten, Kleine und Große, vor Gott stehen, und es wurden Bücher geöffnet, und ein anderes Buch wurde geöffnet, das ist das Buch des Lebens; und die Toten wurden gerichtet gemäß ihren Werken, entsprechend dem, was in den Büchern geschrieben stand." (Offb. 20,12)*

> *„Und wenn jemand nicht im Buch des Lebens eingeschrieben gefunden wurde, so wurde er in den Feuersee geworfen." (Offb. 20,15)*

Weiterhin sind wir Menschen nicht nur bereits beurteilt und verurteilt, sondern auch das Strafmaß wurde schon festgelegt, verkündigt und vollstreckt. Jeder, der nicht im Buch des Lebens eingeschrieben ist, wird in den Feuersee geworfen werden. Dabei werden Satan und seine Dämonen, welche die Menschen verführen, zuerst hinein gestoßen.

> *„Und der Teufel, der sie verführt hatte, wurde in den Feuer- und Schwefelsee geworfen, wo das Tier ist und der falsche Prophet, und sie werden gepeinigt werden Tag und Nacht, von Ewigkeit zu Ewigkeit." (Offb. 20,10)*

Wenn ich in den Gemeinden nachfrage, ob man meint, dass der Teufel das verdient habe, dann gibt es keine geteilte Meinung. Fakt ist aber, dass der Teufel selber nichts getan hat! Mach dir das mal bewusst: *Wenn* jemand etwas getan hat, dann sind wir das! Satan hat uns Dinge vorgeschlagen, er hat uns ständig beraten, aber darauf eingegangen sind wir und die Sünden tatsächlich begangen haben wir und zwar freiwillig und aus Überzeugung. Stell dir vor, Satan wird vor dem himmlischen Gericht zur ewigen Verdammnis verurteilt und er steht auf und sagt: „Ich bekenne mich schuldig - aber was ist mit den Menschen? Sie haben das gemacht, was ich ihnen vorgeschlagen habe und sie haben es freiwillig getan. Ich habe niemanden dazu gezwungen." Recht hat er! Deshalb ist es nur einleuchtend, dass jeden Menschen die gleiche Strafe erwartet wie den Teufel. Wer nur einmal gesündigt hat, ist unter dem Urteil und Fluch des Gesetzes.

> *„Verflucht ist jeder, der nicht bleibt in allem, was im Buch des Gesetzes geschrieben steht, um es zu tun." (Gal. 3,10)*

Deshalb sagt Jesus:

> *„Geht hinweg von mir, ihr Verfluchten, in das ewige Feuer, das dem Teufel und seinen Engeln bereitet ist!... Und sie werden in die ewige Strafe hingehen,..." (Mt. 25,41b; 46a)*

Die Hölle ist ursprünglich für Satan und seine Engel bestimmt gewesen, aber wer auf Satan gehört hat, wird seine Strafe teilen müssen.

> *„Die Feiglinge aber und die Ungläubigen und mit Greueln Befleckten und Mörder und Unzüchtigen und Zauberer und Götzendiener und alle Lügner – ihr Teil wird in dem See sein, der von Feuer und Schwefel brennt; das ist der zweite Tod.“ (Offb. 21,8)*

Auf alle Sünder wartet die Hölle. Das ist der Ort, der in Ewigkeit mit Feuer und Schwefel brennt. Dieses Urteil ist bereits rechtskräftig und täglich gehen Tausende in die ewige Verdammnis. Was wird das für ein Erwachen für diejenigen sein, die ihr Leben lang die Existenz Gottes leugneten und in ihrer selbstgerechten Verblendung meinten, dass ihr Leben gut genug sei!

Selbstgerechte Verblendung

Viele Leute fragen mich: „Warum schlägt Gott Bin Laden nicht mit einem Blitz, wenn er gerecht ist?“ Stell dir vor, Gott würde das tun. Er würde bei Hitler anfangen, bei Stalin weitermachen,... Aber wo soll Gott aufhören? Stell dir vor, alle Menschen würden in einer Reihe stehen und Gott würde bei den schlimmsten Sündern anfangen und sie mit Blitzen vom Himmel vernichten,... Wo soll er aufhören? Wahrscheinlich irgendwo in der Reihe vor dir, oder? Aber das würde Gott nicht tun. Oder hast du noch nie gesündigt? Hast du noch nie gelogen? Hast du noch nie geklaut? Hast du noch nie das Haus oder Auto oder den Partner deines Nächsten begehrt? Die Blitze, die du forderst, würden dich genauso in Schutt und Asche hauen! Wenn wir in unserer selbstgerechten Verblendung von Gott fordern, dass er Blitze auf die Sünder wirft, dann fordern wir indirekt, dass Gott uns selber für unsere Sünden hinrichtet - so verblendet sind wir! Wir sollten stattdessen einsichtig sein und um Gnade flehen.

Wer Gottes Gesetz nicht erkennt und anerkennt, der ist von Satan durch sein eigene Selbstgerechtigkeit geblendet, damit er dem wahren Evangelium nicht glaubt und verloren bleibt.

> *„Wenn aber unser Evangelium verhüllt ist, so ist es bei denen verhüllt, die verlorengehen; bei den Ungläubigen, denen der Gott dieser Weltzeit (Sa-*

tan) die Sinne verblendet hat, so daß ihnen das helle Licht des Evangeliums von der Herrlichkeit des Christus nicht aufleuchtet,..." (2. Kor. 4,3-4a)

Paulus nennt Satan sogar „Gott dieser Weltzeit"! Er herrscht über die Menschen und verführt uns, damit wir in Sünde weiterleben.

Durch die evangelistische Botschaft wird uns klar und deutlich verkündigt, dass Jesus für jede Sünde gelitten hat, damit wir wieder zu Gott kommen können und fortan nicht mehr sündigen. Das Evangelium der Bibel bietet nicht nur auf der einen Seite Vergebung der Sünden an, sondern es fordert auf der anderen Seite konsequenten Gehorsam an Gott. Beim letzten Gericht über die Welt kommt Jesus...

> *„...in flammendem Feuer, wenn er Vergeltung üben wird an denen, die Gott nicht anerkennen, und an denen, die dem Evangelium unseres Herrn Jesus Christus nicht gehorsam sind. Diese werden Strafe erleiden, ewiges Verderben, vom Angesicht des Herrn und von der Herrlichkeit seiner Kraft,..." (2. Thess. 1,8-9)*

Gottes Gnade bietet dem Begnadigten keinen „Freiraum" für ein weltliches Leben und Sünden. Vor Menschen, die das Evangelium so verstehen und verkündigen, warnt Gott in seinem Wort.

„Es haben sich nämlich etliche Menschen unbemerkt eingeschlichen, die schon längst zu diesem Gericht aufgeschrieben worden sind, Gottlose, welche die Gnade unseres Gottes in Zügellosigkeit verkehren,...“ (Jud. 1,4)

Gottes Gnade darf auf keinen Fall so aufgefasst werden, dass er es mit den Sünden nach der Vergebung nicht mehr so eng sieht. Schon in der ersten Generation der Gemeinde hatten sich solche Personen in sie eingeschlichen, die sagten: „Ach, Gott ist ja gnädig! Er wird diese Sünde nicht so eng sehen.“ Menschen, die derartig denken, stehen nicht im Buch des Lebens, sondern sind zum Gericht aufgeschrieben. Gottes Gnade hat ein klar formuliertes Ziel:

„Denn die Gnade Gottes ist erschienen, die heilbringend ist für alle Menschen; sie nimmt uns in Zucht, damit wir die Gottlosigkeit und die weltlichen Begierden verleugnen und besonnen und gerecht und gottesfürchtig leben in der jetzigen Weltzeit, indem wir die glückselige Hoffnung erwarten und die Erscheinung der Herrlichkeit des großen Gottes und unseres Retters Jesus Christus, der sich selbst für uns hingegeben hat, um uns von aller Gesetzlosigkeit zu erlösen und für sich selbst ein Volk zum besonderen Eigentum zu reinigen, das eifrig ist, gute Werke zu tun. Dieses sollst du lehren und mit allem Nachdruck ermahnen und zurechtweisen.“ (Tit. 2,11-15a)

Gottes Wort ist an diesem Punkt sehr deutlich. Aber leider plappern die Menschen lieber das nach, was sie irgendwo über Gnade hören, anstatt in die Bibel zu schauen. Die meisten wollen diese Tatsachen nicht wahrhaben und denken, dass sie unter der Gnade hier und da beruhigt weitersündigen können. Satan wird alles dafür tun, damit wir in einer christlichen Illusion über die Gnade leben und weitersündigen. Dazu ist ihm jedes Mittel recht - sogar biblische Wahrheiten werden von ihm missbraucht! Menschen, die einer „christlichen Illusion über Gnade" verfallen sind, mögen sagen: „Ach, Gott sei Dank, dass Gott liebevoll und gnädig ist! Er wird es sicher nicht so genau mit dieser kleinen Sünde nehmen, also kann ich sie ruhig weiter tun..." Und sie merken nicht, dass dies eine teuflische Theologie ist, die sie selbstgerecht und unbußfertig bleiben lässt. In diesem Fall nutzt Satan drei Wahrheiten, nämlich die, dass es Gott gibt, dass er Liebe ist und dass er gnädig ist. Und Satan nutzt diese Wahrheiten, um uns zur Sünde zu verführen. Das ist das Teuflische an seiner Theologie! Unzählige Menschen in den heutigen Gemeinden denken, dass sie begnadigte Christen seien und leben tatsächlich in einer religiösen Verblendung. Was mich am meisten erschreckt, wenn ich die Bibel lese, sind Ansagen von Jesus wie z.B. folgende:

> *„Nicht jeder, der zu mir sagt: Herr, Herr! wird in das Reich der Himmel eingehen, sondern wer den Willen meines Vaters im Himmel tut. Viele*

werden an jenem Tag zu mir sagen: Herr, Herr, haben wir nicht in deinem Namen geweissagt und in deinem Namen Dämonen ausgetrieben und in deinem Namen viele Wundertaten vollbracht? Und dann werde ich ihnen bezeugen: Ich habe euch nie gekannt; weicht von mir, ihr Gesetzlosen!" (Mt. 7,21-23)

Ist das nicht erschreckend? Jesus spricht davon, dass es Menschen gibt, die an die geistliche Realität glauben und sogar mehr als das! Sie nennen Jesus ihren Herrn und führen auch „geistliche Dienste" in seinem Namen durch - und Jesus wird sie dennoch direkt in die Hölle schicken müssen (!), weil sie sein Gesetz nicht anerkannten und damit den Willen Gottes ignorierten, nämlich von jeglicher Sünde zu lassen und heilig zu leben. Jesus hat es gesagt und deshalb müssen wir davon ausgehen, dass heute viele Menschen in einer religiösen Illusion von „Jesus" und „Gottes Liebe", „Gnade" und „geistlichem Dienst" leben und damit in die Hölle fahren, wenn sie nicht aufwachen.

Ist es nicht erschreckend festzustellen, wie weit die teuflische religiöse Verführung bei uns Einzug gehalten hat? Ist es nicht grauenvoll, wenn uns bewusst wird, dass vermutlich tausende von Menschen in einer satanischen Verblendung leben und sich und anderen vormachen, dass sie gläubige Christen sind?

Gott sagt uns klar und deutlich, dass nur diejenigen in den Himmel kommen werden, die der Heiligung nachjagen.

> *„Jagt nach dem Frieden mit jedermann und der Heiligung, ohne die niemand den Herrn sehen wird!“ (Heb. 12,14)*

Einen wiedergeborenen Christen erkennt man nicht zuerst an seinem „geistlichen Wissen“, seinem „geistlichen Dienst“ oder „Aktionismus“ und auch nicht an der Praktizierung von Geistesgaben, sondern:

> *„Darum werdet ihr sie an ihren Früchten erkennen. Nicht jeder, der zu mir sagt: Herr, Herr! wird in das Reich der Himmel eingehen, sondern wer den Willen meines Vaters im Himmel tut.“ (Mt. 7,20-21)*

Gott will, dass wir in Harmonie mit seinem Willen leben. Nur so können die Früchte des Geistes in unserem Leben reifen.

> *„Die Frucht des Geistes aber ist Liebe, Freude, Friede, Langmut, Freundlichkeit, Güte, Treue, Sanftmut, Selbstbeherrschung.“ (Gal. 5,22)*

Gott will nach wie vor sein heiliges Wesen in uns und durch uns verwirklichen. Zusammenfassen kann man die Früchte des Geistes mit einem Wort: **Heilig**!

„Nun aber, da ihr von der Sünde frei und Gottes Knechte geworden seid, habt ihr darin eure Frucht, daß ihr heilig werdet; das Ende aber ist das ewige Leben.“ (Röm. 6,22)

Heute gibt es alles Mögliche und Unmögliche im modernen Christentum, doch nach den echten, reifen Früchten eines geheiligten Lebens kann man lange suchen. Aber nur wer in der Heiligung Frucht bringt, wird am Ende das ewige Leben erwerben. Wer sich nicht heiligen lassen will, der wird von Jesus aus der Gemeinde aussortiert und muss brennen.

„Jede Rebe an mir, die keine Frucht bringt, nimmt er weg; jede aber, die Frucht bringt, reinigt er, damit sie mehr Frucht bringt... Ich bin der Weinstock, ihr seid die Reben. Wer in mir bleibt und ich in ihm, der bringt viel Frucht; denn getrennt von mir könnt ihr nichts tun. Wenn jemand nicht in mir bleibt, so wird er weggeworfen wie die Rebe und verdorrt; und solche sammelt man und wirft sie ins Feuer, und sie brennen.“ (Joh. 15,2.5-6)

Jesus geht es um die Reinigung unseres Lebens, damit die Früchte des Geistes noch mehr in uns heranreifen können, das steht hier ganz unmissverständlich geschrieben. Wer das nicht will, wird ins Feuer geworfen.

Seitdem das Evangelium verkündigt wird, versucht Satan, es zu verzerren - das ist doch klar! Er hört ja nicht einfach zu, wenn das echte biblische Evangelium verkündigt wird, sondern er verdreht es von Anfang an bei den Hörern und - wenn es geht - sogar bei den Predigern! Das Ergebnis kannst du überall sehen. Ich habe während meines Dienstes inzwischen mehrere hundert Gemeinden in verschiedenen Ländern besucht und kann dir sagen, dass es mehr verbreitete Irrlehren gibt, als man sich vorstellen kann. Wir sehen vor lauter Bäumen den Wald nicht mehr. Wir sehen vor lauter Christen unseren Herrn Jesus Christus nicht mehr. Wir sehen vor lauter Gemeinden das Reich Gottes nicht mehr. Wir kennen vor lauter Theologie das wahre Evangelium nicht mehr und vor lauter „christlichen Aktionen" kennen wir die Heiligung nicht mehr! Deshalb wollen wir in die Bibel schauen und herausfinden, wie wir wirklich gerettet werden können. Es wäre ja fatal, wenn wir mit unseren „christlichen Illusionen" in die Hölle gingen! Nimm das, was Jesus gesagt hat, ernst.

Wie können wir gerettet werden?

Wir haben uns bisher mit Gottes Gerechtigkeit, Gesetz und Urteil über die Sünde beschäftigt. Dabei wollen wir uns aber deutlich vor Augen halten, was Gott durch den Propheten Hesekiel ausrichten lässt:

> *„So wahr ich lebe, spricht GOTT, der Herr: Ich habe kein Gefallen am Tod des Gottlosen, sondern daran, daß der Gottlose umkehre von seinem Weg und lebe! Kehrt um, kehrt um von euren bösen Wegen! Warum wollt ihr sterben,...?“ (Hes. 33,11)*

Gott ließ die ersten Menschen gehen, weil er sie liebte und darauf wartete, dass sie aus freien Stücken zu ihm umkehrten. Seitdem wartet Gott in seiner Liebe auf jeden Menschen - auch auf dich! Wir haben es gelesen:

Gott hat keinen Gefallen daran, Menschen in die Hölle zu stecken.

Die Frage ist aber, wie wir gerettet werden können. Zunächst einmal müssen wir erkennen:

Keiner kann sich selber retten!

Wir können unsere Schuld vor Gott nicht ausgleichen, um „gerecht“ zu werden. Das geht auch in unserem Rechtssystem nicht. Wenn jemand z.B.

über eine rote Ampel fährt, dann kann er dem Polizisten, der ihn stoppt, nicht entgegnen: „Das ist schon in Ordnung, denn dafür bin ich gestern bei grün stehen geblieben." Ein Mörder kann vor Gericht auch nicht sagen: „Ich habe zwar einen umgebracht, aber dafür habe ich zwei andere gezeugt. Ich habe also noch einen im Plus!" Wir sehen, dass wir Gottes Urteil nicht durch unsere guten Werke abwandeln können. Kein Mensch wird von Gott aufgrund seiner „Guten Werke" begnadigt.

Unsere Situation ist mit einem Fehltritt im Moor vergleichbar. Ein falscher Schritt reicht und wir sind dem Untergang geweiht - und vor Gott gibt es keine „Münchhausen", die sich aus eigener Kraft aus dem Untergang befreien können. Wir sind beim Thema „Rettung" voll und ganz auf Gott angewiesen - und Gott ist bereit, dir zu helfen. Viel mehr noch: Er hat deine Rettung bereits am Kreuz vollbracht und will sie in dir persönlich verwirklichen!

Bevor wir uns das genauer ansehen, möchte ich auf folgenden Punkt hinweisen: Das Wissen darüber, dass am Kreuz die Rettung vollbracht worden ist, rettet noch niemanden! Auch der Teufel ist sich dessen bewusst, dass Jesus für unsere Sünden gestorben ist, aber das bringt ihn dem Himmel kein Stückchen näher. Allein das Akzeptieren, Respektieren oder In-Ehren-halten dessen, was Gott für uns getan hat, hat noch niemanden erlöst. Selbst wenn wir dieses Wissen predigen, rettet uns das nicht - sondern: **Die am Kreuz vollbrachte Rettung muss in uns verwirklicht werden, sonst wird sie uns nichts nützen.** Wir wollen nun zunächst betrachten, was Gott zu unserer Rettung unternommen hat und uns dann damit beschäftigen, wie diese in uns Menschen verwirklicht wird.

Wie Gott die Gerechtigkeit wieder herstellt

Gott ist bereit, uns zu retten, aber er würde es nie auf eine ungerechte Art und Weise tun. Einem Menschen, der in Not ist, ist es vielleicht egal, wie ihm geholfen wird. Ein Beispiel: Wenn ich 1 Million Euro Schulden auf einer Bank habe und es kommt ein Unbekannter daher und zahlt stellvertretend für mich diese Summe aus seiner Kasse auf meinem Konto ein, dann freue ich mich. Woher dieses Geld stammt - ob vielleicht vom Drogenhandel oder einer anderen illegalen Quelle - darüber würde ich gar nicht nachdenken. Hauptsache, mein Minus ist beglichen. Gott sieht das nicht so. Er ist in seiner Liebe bereit, uns zu retten, aber er muss es auf rechtmäßige Art und Weise tun, allein schon deshalb, weil Gott gerecht ist und sich nicht ändert.

Denk mal weiter: Was wäre das für eine Rettung, wenn man Gott am Jüngsten Gericht vorwerfen könnte, ungerecht zu sein, weil der eine in den Himmel darf und der andere in die Hölle muss?

In dieser todernsten Sache muss es absolut gerecht zugehen! Oder stell dir vor, Satan würde am Jüngsten Gericht aufstehen und sagen: „Ich gehe zu Recht in die Hölle, aber warum dürfen diese in den Himmel? Tatsache ist doch, dass ich nichts getan habe. Ich habe nur die Vorschläge geliefert - die tatsächlichen Sünden haben die da drüben begangen. Und denen soll die Hölle erspart bleiben? Das ist ungerecht!“ Und Satan hätte recht. Man würde Gott bei einer unverdienten Rettung Parteilichkeit, Willkür und Ungerechtigkeit vorwerfen können. Deshalb musste er einen Weg finden, der absolut gerecht ist. Und dieser Weg sieht folgendermaßen aus: **Die gerechte Rettung wird durch die Stellvertretung vollbracht.**

Gerechtigkeit durch Stellvertretung

In einem „Rechtsstaat“ besteht von Fall zu Fall die Möglichkeit, um aus der „Schuld“ wieder zur „Gerechtigkeit“ zu gelangen und zwar durch das Prinzip der Stellvertretung. Wenn du z.B. 1 Million Euro Schulden bei einer Bank hast, dann bist du dafür verantwortlich und musst sie bezahlen. Wenn aber ein Anderer mit der geforderten Summe im Koffer zur Bank geht und das Geld auf dein Konto einzahlt, dann sind deine Schulden beglichen, der Gerechtigkeit ist Genüge getan und keiner darf mehr etwas von dir fordern. Es wäre ungerecht, wenn du ebenfalls noch mal zahlen müsstest, nachdem ein anderer stellvertretend für dich bezahlt hat! Durch die stellvertretende Zahlung eines Anderen bist du gerechtfertigt.

Nun lautet die komplizierte Frage: Wie kann Gott gerecht bleiben, ohne dass wir Menschen die Strafe bekommen, die wir verdienen?

Gott sah einen einzigen rechtmäßigen Weg, um uns Menschen zu „rechtfertigen“ und zwar den der Stellvertretung. Jemand anderes musste für die Schuld der Menschen bezahlen und die Strafe auf sich nehmen. Und hier kommt das Zentrum des Evangeliums! Wir können nicht froh genug über die Tatsache sein, dass Gott nicht nur gerecht, sondern auch Liebe ist. In seiner Liebe war Gott bereit, in Jesus Christus auf die Welt zu kommen, um stellvertretend am Kreuz für unsere Sünden zu sterben, damit die „Gerechtigkeit" wieder hergestellt ist.

> *„Gott war in Christus und versöhnte die Welt mit sich selber,..." (2. Kor. 5,19a)*

> *„Denn auch Christus hat* **einmal** *für Sünden gelitten, der Gerechte für die Ungerechten, damit er uns zu Gott führte;..." (1. Petr. 3,18)*

Stellvertretend für uns zu sterben konnte kein anderer als Gott selber. Denn nehmen wir an, ein Mensch, der bereit wäre, meine Schulden zu bezahlen, hätte selber große Schulden. Was dann? Dann wäre es für ihn unmöglich, für mich aufzukommen, da er das Geld für seine eigene Schuld aufwenden muss. Darauf weise ich deshalb hin, weil deutlich werden soll, dass nur ein „Unschuldiger und Gerechter" stellvertretend zahlen und die Gerechtigkeit wiederherstellen kann. Wenn ein sündiger Mensch am Kreuz gelitten hätte, dann hätte er nur das bekommen, was er verdient hätte, wie der sterbende Verbrecher neben Jesus richtig erkannte.

> *„...wir empfangen, was unsere Taten wert sind; dieser aber hat nichts Unrechtes getan!" (Lk. 23,41)*

Ein Sünder könnte also nie stellvertretend die Schuld anderer auf sich nehmen. Er würde im Leiden und Sterben nur gerechterweise empfangen, was seine Taten wert waren. Aber Gott will in seiner Liebe nicht, dass wir mit unserer Schuld in die Hölle fahren.

Ein zweiter Aspekt ist wichtig: Wenn Schulden stellvertretend bezahlt werden, dann müssen sie gleichwertig beglichen werden. Nehmen wir an, jemand will bei einer Bank deine Schulden bezahlen, aber er tut dies, indem er der Bank sein Haus übergibt. In diesem Fall muss das Haus mindestens den Wert der geschuldeten Summe besitzen. Du kannst 1 Million Euro Schulden nicht dadurch abbezahlen, indem du deinen alten PKW pfänden lässt. Jetzt müssen wir uns fragen: Was kann so wertvoll sein, dass es die Schuld der ganzen Welt abtragen könnte? Wer darüber ernsthaft nachdenkt, der merkt, dass wir die Schuld der ganzen Welt gar nicht erfassen können. Sie ist unfassbar groß - und was soll auf der anderen Seite größer sein, um diese Schuld zu begleichen? Wenn diese Schuld in Kilogramm und Tonnen gemessen werden könnte und die eine Seite der Waage hinunterdrückt - was soll auf der anderen Seite überwiegen? Es kann nur der Schöpfer des Universums sein! Denk mal nach: Wer ist wertvoller - der Erfinder und Hersteller eines Produktes oder das Produkt selbst? Es ist doch klar, dass der Erfinder und Hersteller einer Ware eine ganz andere Qualität und einen ganz anderen Wert besitzt als seine Ware! So ist das auch mit Gott und uns Menschen. Du kannst im Prinzip alles in zwei Kategorien aufteilen: Schöpfer und Schöpfung. Gott, der die Menschen erschaffen hat, ist natürlich viel wertvoller als die Menschen. Nur so verstehen wir die Aussage von Petrus:

> *„Denn ihr wißt ja, daß ihr nicht mit vergänglichen Dingen, mit Silber oder Gold, losgekauft worden seid aus eurem nichtigen, von den Vätern überlieferten Wandel, sondern mit dem kostbaren Blut des Christus, als eines makellosen und unbefleckten Lammes." (1. Petr. 1,18-19)*

Dieser wertvolle Christus ist der Schöpfer des Universums.

> *„Er (Gott) hat uns errettet aus der Herrschaft der Finsternis und hat uns versetzt in das Reich des Sohnes seiner Liebe, in dem wir die Erlösung haben durch sein Blut, die Vergebung der Sünden. Dieser (Christus) ist das Ebenbild des unsichtbaren Gottes, der Erstgeborene, der über aller Schöpfung ist. Denn in ihm ist alles erschaffen worden, was im Himmel und was auf Erden ist, das Sichtbare und das Unsichtbare, seien es Throne oder Herrschaften oder Fürstentümer oder Gewalten: alles ist durch ihn und für ihn geschaffen; und er ist vor allem, und alles hat seinen Bestand in ihm." (Kol. 1,13-17)*

Christus ist der Schöpfer. Es ist alles durch ihn und zu ihm hin geschaffen. Er ist das Zentrum der Dimensionen - und dieser Christus hat durch sein Blut die Vergebung der Sünden vollbracht!

In Jesus Christus ist der unfassbare Wert und die heilige Unschuld zum stellvertretenden Opferlamm vereint.

Nur Gott selber konnte den Preis stellvertretend für alle Sünder zahlen, damit die Gerechtigkeit wiederhergestellt ist.

Mach dir das bewusst! Gott will nicht, dass wir Menschen auf ewig verloren gehen. Gott will nicht, dass wir bekommen, was wir verdienen. Gott hat keinen Gefallen am Tod des Gottlosen. Er war in seiner Liebe bereit, bis ans Äußerste zu gehen und stellvertretend für dich und mich zu leiden und zu sterben, damit wir auf dieser Grundlage zu Gott umkehren und leben können. Diese Tatsache bleibt bestehen, gleich, womit Satan unsere Aufmerksamkeit ablenken will: Politik, Geld, Reisen, Partnerschaft, Karriere,... Egal, womit du dich beschäftigst: Die Welt dreht sich nur noch, damit Menschen das Evangelium erkennen und zu Gott umkehren.

Damit wir Menschen Gottes Handeln verstehen, führte Gott dasselbe Prinzip der Stellvertretung im Volk Israel ein.

Nach dem moralischen Gesetz (den 10 Geboten) gab Gott dem Volk Israel auch das rituelle Gesetz.

Dieses Gesetz bildete die Grundlage, um nachher den stellvertretenden Tod Jesu am Kreuz verstehen zu können. Hier wurde im Detail geregelt, wie man bei einer begangenen Sünde vorzugehen hatte. Auf diese Art und Weise wurde im Volk Israel ein ganzes Opfersystem eingeführt. Der Schuldige sollte dabei z.B. einem „unschuldigen Lamm" seine Hand auf den Kopf legen und ihm in die Augen sehen, um sich bewusst zu werden: „Meine Schuld geht jetzt auf das Lamm über und dieses unschuldige Tier muss wegen meiner Sünde sterben!" Dann musste das Lamm bluten und stellvertretend geopfert werden. Was für ein grauenvoller Vorgang! Auf diese Art und Weise wurden unzählige Tiere immer und immer wieder getötet. Im Tempel floss das Blut täglich in Strömen! Warum hatte Gott das so angeordnet? Erstens wollte er jedem von klein auf klar machen, was das Sündigen für eine Strafe nach sich zieht. Zweitens wollte er ein Sündenbewusstsein und damit verbunden die Sehnsucht nach einer echten Erlösung im Volk wecken. Und drittens legte Gott damit den Grundstein dafür, dass nachher jeder verstehen konnte, was der Prophet Johannes meint, wenn er auf Jesus zeigt und ruft:

> *„Siehe, das Lamm Gottes, das die Sünden der Welt hinwegnimmt!" (Joh. 1,29b)*

Der letzte Prophet Gottes, Johannes der Täufer, rief die Menschen zur Umkehr auf und taufte diejenigen, die ihre Sünden erkannten und bekannten und Reinigung von Gott erhalten wollten, symbolisch mit Wasser. Da kam Jesus auf Johannes den Täufer zu und wollte sich ebenfalls taufen lassen. Jesus war zu diesem Zeitpunkt noch öffentlich unbekannt, aber Johannes realisierte ziemlich schnell, wer da vor ihm stand. Allerdings verstand er nicht, warum Jesus sich taufen lassen wollte, weil die Taufe nur für Sünder bestimmt war und man Jesus dagegen seine Heiligkeit deutlich anmerkte. Johannes der Täufer wollte stattdessen lieber selber von Jesus getauft werden. Aber pass auf, was Jesus sagte:

> *„Laß es jetzt so geschehen; denn so gebührt es uns, alle Gerechtigkeit zu erfüllen! Da gab er ihm nach." (Mt. 3,15)*

Was meinte Jesus damit? Während Johannes Jesus taufte, dachte er über dessen Worte nach: „... Gerechtigkeit erfüllen...?" Da ging Johannes ein Licht auf und er erinnerte sich an die 700 Jahre alte Prophezeiung des Propheten Jesaja in den Heiligen Schriften:

> *„...er wurde um unserer Übertretungen willen durchbohrt, wegen unserer Missetaten zerschlagen; die Strafe lag auf ihm, damit wir Frieden hätten, und durch seine Wunden sind wir geheilt worden. Wir alle gingen in die Irre wie Schafe, jeder wandte sich auf seinen Weg; aber der HERR warf unser aller Schuld auf ihn. Er wurde mißhandelt, aber er beugte sich und tat*

seinen Mund nicht auf, wie ein Lamm, das zur Schlachtbank geführt wird,... wegen der Übertretung meines Volkes hat ihn Strafe getroffen." (Jes. 53,5-7a;8b)

Johannes ging ein Licht auf, was gerade in dem Moment der Taufe passierte und als Jesus aus dem Wasser gestiegen war, rief Johannes:

„Siehe, das Lamm Gottes, das die Sünden der Welt hinwegnimmt!" (Joh. 1,29b)

Was hatte Johannes der Täufer plötzlich erkannt? Ich möchte es dir mit Hilfe eines Beispiels erklären: Wenn du dreckiges Geschirr spülen willst, dann brauchst du sauberes Wasser. Wenn du damit fertig bist, hast du sauberes Geschirr und dreckiges Wasser. Wenn du nun einen sauberen Schwamm in das dreckige Wasser tauchst, dann saugt er sich mit dem schmutzigen Wasser voll - und genau das tat Jesus. Er stieg als reines Lamm Gottes in das Wasser, in dem (symbolisch) die Sünden der Menschen abgewaschen wurden und nahm dort die Schuld der Menschen auf sich, um sie ans Kreuz zu tragen.

Die Taufe, durch welche Jesus die Schuld der Welt auf sich nahm, war das Erste, was er öffentlich in der Kraft des Geistes tat, während seine letzte Tat sein stellvertretendes Leiden und Sterben am Kreuz war, „damit die Gerechtigkeit erfüllt wird."

Das ganze öffentliche Wirken Jesu war eingerahmt von der Tatsache, dass Jesus die Sünden der Menschheit auf sich nimmt und stellvertretend am Kreuz für uns leidet, damit wir wieder mit Gott ins Reine kommen können. Das darf nicht übersehen werden: Es besteht ein Unterschied darin, ob mir die Bank die Schuld erlässt, oder ob sie jemand stellvertretend für mich bezahlt. Gott hat uns nicht selber die Schuld erlassen, sondern Jesus hat sie beglichen. Das ist eine wesentliche Voraussetzung dafür, dass Gott uns gnädig sein kann.

> *„...er sollte ja durch Gottes Gnade für alle den Tod schmecken." (Hebr. 2,9b)*

Deshalb sagt Petrus:

> *„Denn auch Christus hat* **einmal** *für die Sünden gelitten, der Gerechte für die Ungerechten, damit er euch zu Gott führte." (1. Petr. 3,18a)*

Wir sollen wieder zu Gott geführt werden, um in Folge dessen heilig zu leben. Und Jesus ist der einzige Weg zum Vater.

> *„Ich bin der Weg und die Wahrheit und das Leben, niemand kommt zum Vater als nur durch mich!" (Joh. 14,6)*

Keine gute Tat und keine Religion der Welt wird uns aus dem Feuersee reißen und in den Himmel hineinretten. Wer ohne Jesus zu Gott kommt, der wird mit seiner Schuld der ewigen Strafe entgegengehen. Gnade und Rettung gibt es nur durch Jesus Christus.

> *„Und es ist in keinem anderen das Heil; denn es ist kein anderer Name unter dem Himmel den Menschen gegeben, in dem wir gerettet werden sollen!“ (Apg. 4,12)*

Werden alle Menschen begnadigt?

Gott war in Jesus Christus auf dieser Welt und ist in seiner Liebe zu allen Menschen grauenvoll gefoltert worden und am Kreuz gestorben. Als Jesus starb, rief er:

> *„Es ist vollbracht!“ (Joh. 19,30)*

Es ist eine Tatsache, dass das Werk am Kreuz für jeden Menschen vollbracht wurde, ob er das nun glaubt oder nicht. Aber daraus zu folgern, dass damit alle Menschen in den Himmel kommen, weil Gott gnädig ist, ist vollkommen verkehrt! **Gnade ist nicht dasselbe wie Amnestie!** Bei einer Amnestie lässt man viele Straftäter früher frei, als sie es verdienen, z.B. weil die Gefängnisse überfüllt sind und man Platz für schlimmere Straftäter benötigt. Aber Gnade ist etwas ganz anderes. Stell dir vor, ein gnädiger Gouverneur käme an die Macht und er würde in seiner Gnade einfach

alle Straftäter laufen lassen, egal, ob sie einsichtig sind oder nicht. Das Chaos würde toben! Würde Gott alle Menschen im Zuge einer Amnestie in den Himmel lassen, dann würde der Himmel zur Hölle werden!

Weil heute in vielen Gemeinden die Gnade Gottes komplett falsch oder einseitig verstanden wird, wollen wir uns jetzt mit dem Thema Gnade beschäftigen. Wie gestaltet sich Gnade in einem Rechtsstaat? Stell dir ein Gefängnis in den USA vor, in dem alle zum Tode verurteilten Verbrecher einsitzen und auf die Hinrichtung warten. Nehmen wir an, der Verbrecher in Zelle A sieht seine Schuld ein und bereut sie. Er sieht ein, dass er die volle Härte der Strafe verdient - aber er will nicht sterben! Er will sich ändern und in Zukunft keine Gesetze mehr brechen, sondern stattdessen Gutes tun. Doch egal, was er sich vornimmt, er weiß, dass ihn nur die Gnade des Gouverneurs retten kann, weil das Urteil des Gerichts rechtskräftig ist. Deshalb schreibt er ein Gnadengesuch an den Gouverneur, in dem er glaubhaft versichert, dass er seine Schuld einsieht. Er gibt auch zu erkennen, dass er die Härte der Strafe verdient habe und bittet um Gnade, um sein Leben zu bessern. Wenn er nun das Gnadengesuch abgeschickt hat, ist er noch lange nicht begnadigt und gerettet. Erst wenn der Gouverneur seinen Fall beurteilt hat, Gnade vor Recht ergehen lässt und dem Verbrecher ein entsprechendes Zertifikat zuschickt, ist dieser freigesprochen und das Gericht wird nicht an ihm vollstreckt.

Jetzt stell dir vor, der Zellennachbar bekommt mit, wie sich der Begnadigte über seine Gnade und den gnädigen Gouverneur freut und er realisiert: „Wir sind zwar schuldig, aber so wie es aussieht, ist der Gouverneur gnädig! Und wenn er dem Typ da gnädig ist, dann ist er es mir sicher auch und ich brauche mir keine Sorgen mehr über meine Hinrichtung zu machen." Wenn der Verbrecher so denkt, dann mag er recht damit haben, dass der Gouverneur gnädig ist, aber er selber wird mit seiner selbstgerechten Illusion auf dem elektrischen Stuhl landen! Wenn Verbrecher A begnadigt wird, heißt das noch lange nicht, dass das auch für alle anderen gilt, das leuchtet uns doch ein. Gnade wird nämlich persönlich zwischen dem Straftäter und dem Gouverneur verhandelt. Ohne persönliche Begnadigung entgeht kein verurteilter Straftäter seiner Strafe. Der verurteilte Verbrecher B kann sich also über den gnädigen Gouverneur freuen, aber am Tag seiner Hinrichtung wird er ein böses Erwachen aus seiner Illusion erleben. Sein Wissen darüber, dass der Gouverneur gnädig ist, rettet ihn nicht. Und bei Gott ist es genauso.

Das alleinige Wissen darüber, dass Gott gnädig ist, rettet noch niemanden! Und ich habe den Eindruck, dass unsere Gemeinden voll von Leuten sind, die sich über einen gnädigen Gott freu-

en - aber selber nie entschieden umgekehrt und persönlich begnadigt worden sind. Jesus hat uns gesagt:

> *„Nicht jeder, der zu mir sagt: Herr, Herr! wird in das Reich der Himmel eingehen, sondern wer den Willen meines Vaters im Himmel tut. Viele werden an jenem Tag zu mir sagen: Herr, Herr, haben wir nicht in deinem Namen geweissagt und in deinem Namen Dämonen ausgetrieben und in deinem Namen viele Wundertaten vollbracht? Und dann werde ich ihnen bezeugen: Ich habe euch nie gekannt; weicht von mir, ihr Gesetzlosen!" (Mt. 7,21-23)*

Göttliche Gnade

Um zu verstehen, ab wann und für wen Gnade überhaupt zum Thema wird, wollen wir uns einmal ein weltliches Gericht ansehen. Ab wann wird Gnade in einem weltlichen Gericht thematisiert?

1) Es muss ein Gesetz in Kraft sein.
2) Es muss ein konkreter Gesetzesbruch vorliegen.
3) Es kommt zur Anklage.
4) Es kommt zum Gerichtsverfahren.
5) Der Staatsanwalt muss die konkrete Schuld beweisen.
6) Der Richter muss die Sachlage beurteilen.
7) Der Richter muss ein gerechtes Urteil sprechen.
8) Der Richter muss eine gerechte Strafe festlegen.

Wenn das Urteil gesprochen wurde und der Schuldige der Strafe ins Auge blickt, dann wird er ganz von alleine um Gnade flehen.

Und das Gleiche gilt auch bei Gott: Die acht genannten Punkte sind längst gegeben und wer seine Situation erkennt, wird darum flehen, begnadigt zu werden:

> *„Gott, sei mir Sünder gnädig!“ (Lk. 18,13)*

> *„...was muß ich tun, daß ich gerettet werde?“ (Apg. 16,30)*

Wenn wir mal wieder die Bibel lesen würden, anstatt nur auf die aktuellen „christlichen Superstars" zu hören, würden wir schnell feststellen, dass Gott einen Menschen dahin bewegt, von Herzen Gnade und Rettung zu suchen. Dazu gehört auch zentral, dass Gott das Gericht verkündigen lässt und nicht Gnade allein. Gnade ist kein Thema für einen Menschen, der nicht von seiner Schuld überführt wurde und seiner Strafe ins Auge sieht. Schau, was Gott durch Jesaja ausrichten lässt:

> *„Denn wenn deine Gerichte über die Erde gehen, so lernen die Bewohner des Erdkreises Gerechtigkeit. Aber wenn dem Gottlosen Gnade widerfährt, so lernt er doch nicht Gerechtigkeit, sondern tut nur übel im Lande, wo das Recht gilt, und sieht des HERRN Herrlichkeit nicht." (Jes. 26,9b-10)*

Das war schon immer so. Wenn du einen uneinsichtigen Menschen begnadigst, dann macht er weiter wie zuvor oder wird sogar noch schlimmer. Doch damit Menschen wirklich umkehren und Gott ihnen gnädig sein kann, lässt Gott zuerst das Gericht verkündigen. Die biblische Evangeliumsbotschaft beginnt damit, dass die Sünde der Menschen aufgezeigt und ihnen das gerechte Urteil mitgeteilt wird.

Nehmen wir das Beispiel Ninive: Dort war die maßlose Gottlosigkeit in Form von Ungerechtigkeiten und Perversionen so weit fortgeschritten, dass die Menschen ihren Feinden bei lebendigem Leib die Haut abzogen und sie aßen. Gott konnte das nicht länger mit ansehen und sandte den Propheten Jona nach Ninive, um das Gericht zu verkündigen - weil Gott gnädig ist und will, dass die Menschen einsichtig umkehren.

> *„Und das Wort des HERRN erging zum zweitenmal an Jona folgendermaßen: Mache dich auf, geh nach Ninive, in die große Stadt, und verkündige ihnen die Botschaft, die ich dir sagen werde! Da machte sich Jona auf und ging nach Ninive, nach dem Wort des HERRN. Ninive aber war eine sehr große Stadt vor Gott, drei Tagereisen groß. Und Jona fing an, eine Tagereise weit in die Stadt hineinzugehen, und er rief und sprach: Noch 40 Tage, und Ninive wird zerstört! Und die Leute von Ninive glaubten Gott; und sie riefen ein Fasten aus und legten Sacktuch an, vom Größten bis zum Kleinsten unter ihnen. Und das Wort gelangte bis zum König von Ninive; und er stand von seinem Thron auf, legte seinen Mantel ab, hüllte sich in Sacktuch und setzte sich in die Asche. Und er ließ ausrufen und sagen in Ninive, auf Befehl des Königs und seiner Großen: Menschen und Vieh, Rinder und Schafe sollen nichts genießen, sie sollen weder weiden noch Wasser trinken; sondern Menschen und Vieh sollen sich in Sacktuch hüllen und mit aller Kraft zu Gott rufen und sollen sich abwenden, jeder von seinem bösen Weg und von dem Unrecht, das an*

seinen Händen klebt! Wer weiß, Gott könnte anderen Sinnes werden, es sich gereuen lassen und ablassen von seinem grimmigen Zorn, so daß wir nicht untergehen! Und Gott sah ihre Taten, daß sie sich abwandten von ihren bösen Wegen, und ihn reute das Übel, das er ihnen angedroht hatte, und er tat es nicht." (Jona 3)

Wie ging Gott vor, um die gottlosen Menschen letztendlich begnadigen zu können?

1) Gott ließ nicht zuerst Gnade verkündigen, sondern das Gericht.
2) Die Leute in Ninive glaubten Gott. Sie glaubten, dass er das Urteil ernst meint und dass er es vollstrecken wird.
3) Sie sahen ihr Unrecht ein und änderten ihr Leben konsequent.
4) Die Menschen taten aufrichtig Buße, weil sie Gott glaubten und hofften auf ihre Begnadigung.

Und darauf hatte Gott abgezielt. Er wollte von Anfang an gnädig sein - aber nicht, damit die gottlosen Sünder anschließend weitermachen wie bisher, sondern damit sie sich ändern.

Die humanistischen und liberalen Lügenpropheten wollen die Sünder mit biblischen Begriffen wie „Liebe, Friede, Einheit und Gnade" in einer falschen Sicherheit wiegen. Aber Gott lässt das Gericht verkündigen, weil er Liebe ist, weil er gnädig ist und weil er nicht will, dass jemand verloren geht, sondern dass wir umkehren und gerettet werden. Hier siehst du ein Beispiel für die neutestamentliche apostolische Verkündigung:

> *„Die jetzigen Himmel aber und die Erde werden durch dasselbe Wort aufgespart und für das Feuer bewahrt bis zum Tag des Gerichts und des Verderbens der gottlosen Menschen. Dieses eine aber sollt ihr nicht übersehen, Geliebte, daß ein Tag bei dem Herrn ist wie tausend Jahre, und tausend Jahre wie ein Tag! Der Herr zögert nicht die Verheißung hinaus, wie etliche es für ein Hinauszögern halten, sondern er ist langmütig gegen uns, weil er nicht will, daß jemand verlorengehe, sondern daß jedermann Raum zur Buße habe. Es wird aber der Tag des Herrn kommen wie ein Dieb in der Nacht; dann werden die Himmel mit Krachen vergehen, die Elemente aber vor Hitze sich auflösen und die Erde und die Werke darauf verbrennen. Da nun dies alles aufgelöst wird, wie sehr solltet ihr euch auszeichnen durch heiligen Wandel und Gottesfurcht, indem ihr das Kommen des Tages Gottes erwartet und ihm entgegeneilt, an welchem die Himmel sich in Glut auflösen und die Elemente vor Hitze zerschmelzen werden! Wir erwarten aber nach seiner Verheißung neue Himmel und eine neue Erde, in denen Gerechtigkeit wohnt. Darum, Geliebte, weil ihr dies erwartet, so seid eifrig darum bemüht, daß ihr als unbefleckt und tadellos vor ihm erfunden werdet in Frieden! Und seht die Langmut unseres Herrn als eure Rettung an,..." (2. Petr. 3,7-15)*

Gott lässt das Gericht verkündigen, weil er gnädig ist!

Verstehst du das? Gott ist gnädig und er will gnädig handeln, aber um das tun zu können, muss er die Menschen dazu bewegen, umzukehren und seine Gnade zu wollen. Deshalb lässt Gott das Gericht verkündigen.

Als der König und die Bürger von Ninive dem Urteil und der Strafe Gottes ins Auge sahen, musste ihnen niemand erst sagen, dass sie um Gnade bitten können. Sondern ihr Glaube, dass sie verloren sind und dem Ende entgegengehen, brachte sie von ganz alleine auf die Knie. Sie wussten nichts darüber, ob Gott gnädig ist oder nicht, aber sie taten aufrichtig Buße, waren bereit, sich zu ändern und flehten um Gnade - und Gott *war* ihnen gnädig!

Die meisten „modernen Prediger" scheinen sich damit zufrieden zu geben, wenn ihre Zuhörer Gottes Gnade zur Kenntnis nehmen, oder wenn sie glauben, dass Gott gnädig ist. Aber was soll das? Gott will doch nicht nur, dass wir Menschen von seiner Gnade überzeugt sind, sondern vielmehr, dass wir umkehren und heilig leben! Daran schließt sich die Frage an, was wir eigentlich mit unseren „christlichen Veranstaltungen" bezwekken wollen? Wollen wir so vielen Menschen wie möglich klar machen, dass es Gott gibt und dass seine Gnade für jeden gilt? Oder wollen wir, dass sie umkehren und in Harmonie mit Gottes Willen leben? Ich habe als Gastredner an mehreren hundert Veranstaltungen in fast allen Gemeindeverbänden teilgenommen und fast nie erkannte ich bei den Veranstaltern ein Bewusstsein für diese biblischen Zusammenhänge. Die meisten wollen ihre Zuhörer nur auf christliche Art und Weise unterhalten. Manche setzen sich zum Ziel, die Menschen davon zu überzeugen, dass Gott gnädig ist. Aber so wenige kennen Gottes wahre Evangeliumsbotschaft! Das Wort Gottes wird fast nirgends mehr auf eine solche Weise verkündigt, dass der Herzenswunsch nach Gnade im Hörer erzeugt und die Notwendigkeit dafür erkannt wird. Oder hast du irgendwo mal Menschen von Herzen Sätze wie: „Gott, sei mir Sünder gnädig" rufen hören?

In vielen Gemeinden prophezeit und erwartet man Erweckungen, aber was für eine Erweckung soll das sein, wenn man Menschen nicht klar vor Gottes Urteil stellt? Wie würde man sich freuen, wenn Hunderte auf einmal aufrichtig rufen würden: „Gott, sei mir Sünder gnädig" und Gott würde mit einer gewaltigen „Geistausgießung" antworten... Aus allen Ländern würden „christliche Kamerateams" kommen und dieses Ereignis filmen. Aber auf echte Erweckungen können wir lange warten, wenn wir den Menschen Gottes Gericht und Strafe verschweigen. Wenn wir ihnen nur mitteilen, dass Gott Liebe ist und dass er gnädig ist, bewirken wir folgendes Denken: „Ach, dann kann ich ja bleiben, wie ich bin!" Das hat schon Jesaja gemerkt und ich habe es in vielen Veranstaltungen selber erlebt. Ich sagte einem jungen Mann einmal: „Jesus liebt dich!" Da antwortete er: „Ich bin ja auch ein toller Typ." Das brachte mich darüber ins Nachdenken, was wir eigentlich mit solch einer Art der Verkündigung erreichen?! Auf jeden Fall erhalten wir nicht die entschiedenen und konsequenten Bekehrungen, die Gott erwartet - und schon lange nicht heilige Menschen, wie Gott sie sich wünscht. Wo steht denn in der Bibel, dass Gott sich damit zufrieden gibt, dass man an seine Existenz glaubt, oder dass man ein Übergabegebet spricht? Gott hat uns klar ausrichten lassen, was er tatsächlich will:

> *„Denn das ist der Wille Gottes, eure Heiligung,..." (1. Thess. 4,3)*

> *„...der Gott des Friedens, heilige euch durch und durch, und euer ganzes Wesen, der Geist, die Seele und der Leib, möge untadelig bewahrt werden bei der Wiederkunft unseres Herrn Jesus Christus!" (1. Thess. 5,23)*

> *„...wie der, welcher euch berufen hat, heilig ist, sollt auch ihr heilig sein in eurem ganzen Wandel. Denn es steht geschrieben: Ihr sollt heilig sein, denn ich bin heilig! Und wenn ihr den als Vater anruft, der ohne Ansehen der Person richtet nach dem Werk jedes einzelnen, so führt eu-*

ren Wandel in Furcht, solange ihr euch hier als Fremdlinge aufhaltet.“ (1. Petr. 1,15-17)

Heute wird das Evangelium so verkündigt, als ob Gottes Gnade und Liebe sein gesamter Inhalt wären. Aber Gottes Wort fordert Gehorsam und führt direkt zur Heiligung. Es ist egal, was jemand über Gott weiß. Wenn er nicht im heiligen Gehorsam an Gott und sein Evangelium lebt, dann sehe ich schwarz für ihn! Gott drückt sich hierbei folgendermaßen aus:

> *„...bei der Offenbarung des Herrn Jesus vom Himmel her mit den Engeln seiner Macht, in flammendem Feuer, wenn er Vergeltung üben wird an denen, die Gott nicht anerkennen, und an denen, die dem Evangelium unseres Herrn Jesus Christus nicht gehorsam sind.“*
> *(2. Thess. 1,7b-8)*

Wer Gott nicht umfassend gehorchen will, der kann so viel und so lange von Gnade und Geist reden, wie er will. Den Heiligen Geist wird er dadurch nicht bekommen. Denn es geht nicht darum, dass *du* den Heiligen Geist hast, sondern darum, dass *er dich* hat. Und der Heilige Geist wird nur denen gegeben, die Gott gehorsam sein möchten.

> *„Und wir sind seine Zeugen, was diese Tatsachen betrifft, und auch der Heilige Geist, welchen Gott denen gegeben hat, die ihm gehor-*

> *chen. Als sie aber das hörten, wurden sie tief getroffen und faßten den Beschluß, sie umzubringen.“ (Apg. 5,32-33)*

Wehe, du kommst denen, die in ihren religiösen Illusionen von Gott und Gnade schwelgen, mit Gehorsam! Damals wie heute machst du dir damit keine Freunde. Aber es bleibt, wie es ist. Wir müssen endlich aufwachen und erkennen, dass das Gericht Gottes zur Gnade dazu gehört. Durch das Gericht bewegt Gott den Menschen dazu, aufrichtig nach der Gnade zu suchen.

Jetzt denk mal nach: Wenn Gott Gefallen daran gehabt hatte, Ninive zu vernichten, warum schickte er dann einen Propheten in die Stadt? Er hätte ja gleich Feuer vom Himmel regnen lassen können. Aber Gott freut sich nicht am Tod des Gottlosen. Deshalb sendet er einen Propheten - weil er will, dass die Menschen umkehren und sich konsequent ändern.

Gott kennt doch das egoistische, angefochtene und selbstgerechte Herz der Menschen. Er weiß doch, mit welchem Mittel er eine bestimmte Sache erreicht und mit welchem nicht:

> *„Denn wenn deine Gerichte über die Erde gehen, so lernen die Bewohner des Erdkreises Gerechtigkeit. Aber wenn dem Gottlosen Gnade widerfährt, so lernt er doch nicht Gerechtigkeit, sondern tut nur übel im Lande, wo das Recht*

gilt, und sieht des HERRN Herrlichkeit nicht." (Jes. 26,9-10)

Die Bibel ist deutlich! Wollen wir heute weiser sein als Gott? Meinen wir, dass wir die Sünder zur Heiligung ihres Lebens bewegen können, wenn wir ihnen eine einseitige Liebe und Gnade Gottes predigen? Damit erreichen wir bei den meisten, dass sie zur Kenntnis nehmen, dass Gott gnädig ist und sich damit in einer falschen Sicherheit wähnen, um weiterhin sündigen zu können: „Denn wenn es Gott wirklich geben sollte, dann wird er mir schon gnädig sein, wenn ich mal vor ihm stehe." Vielleicht gelingt es uns auch, Menschen davon zu überzeugen, dass es wirklich einen Gott gibt und dass er voller Liebe ist. Aber das glaubt Satan auch. Das glaubten Adam und Eva auch. Beide wussten besser als alle Menschen nach ihnen, dass Gott Liebe ist, aber dieses Wissen rettete sie nicht. Könnten wir Adam und Eva heute befragen, dann würden sie uns sagen, dass das mit der Evolution Blödsinn ist und dass Gott voller Liebe ist - aber das würde sie nicht retten! Und auch heute wissen viele Menschen eine Menge über Gott und führen vielleicht sogar einen „geistlichen Dienst" aus, aber sie wollen ihre selbstgerechte Selbstverwirklichung als auch ihre heimlichen Sünden nicht aufgeben und gehen dabei unbußfertig verloren.

Wir setzen heute in den Gemeinden viele falsche Prioritäten und nähren unhaltbare Werte. Es ist ja richtig, dass wir so viele Menschen wie möglich mit dem Evangelium erreichen sollen. Aber was will Gott zuerst? Qualität oder Quantität? **Als er lediglich Noahs Familie durch die Gerichtsflut hindurch rettete, zeigte Gott, dass ihm ein Gerechter lieber ist als eine ganze Menschheit Ungerechter!** Gott denkt anders als wir.

Wer die Bibel ernst nimmt, der sieht in aller Deutlichkeit, dass Gottes Evangelium umfassender ist als jenes, das heute vielerorts verkündigt wird. Das biblische Evangelium verkündigt den gekreuzigten und auferstandenen Christus und die Vergebung der Sünden,... aber es beginnt mit dem heiligen und gerechten Gott. Von ihm sollte der Bote des Evangeliums kommen und von ihm sollte er seine Botschaft erhalten. Diese Botschaft beinhaltet Gericht und fordert letztendlich Umkehr, Gehorsam an Gott und die Heiligung des Lebens. Wer das nicht will, der kann nicht begnadigt werden und wird durch ein einseitiges, modernes Geschwafel von Liebe und Gnade nur in eine religiöse Illusion geführt. Hör dir doch an, was heute gepredigt wird! Da werden bewusst alle Inhalte weggelassen, die dem Wohlfühl-Humanismus widerstreben könnten. Gott warnt davor:

> *„Der Geist aber sagt deutlich, daß in den letzten Zeiten einige von dem Glauben abfallen werden und verführerischen Geistern und teuflischen Lehren anhängen, verleitet durch Heuchelei der*

Lügenredner, die ein Brandmal in ihrem Gewissen haben." (1. Tim. 4,1-2)

„Denn es wird eine Zeit kommen, da werden sie die gesunde Lehre nicht ertragen, sondern sich selbst nach ihren eigenen Lüsten Lehrer beschaffen, weil sie empfindliche Ohren haben." (2. Tim. 4,3)

Auch der Teufel hat einen Doktor der Theologie und gibt Bibel- und Predigtunterricht - und seine Botschafter sind mittlerweile weltweit anerkannte, christliche Predigerstars! Satan hat kein Problem damit, dass alle Menschen an Gottes Existenz glauben und dass er voller Gnade und Liebe ist. Wenn sie sich nur weiterhin selbst verwirklichen, anstatt sich selbst zu verleugnen und wenn sie nur weiterhin für sich selbst entscheiden, was Sünde ist und was nicht, anstatt sich heiligen zu lassen, dann ist für Satan alles in bester Ordnung. Dann können wir unsere „christlichen Aktionen" bedenkenlos fortsetzen und fröhlich unsere Liedchen trällern - doch wir werden dem kommenden Gericht nicht entgehen!

Aber weil Gott gnädig ist und weil er möchte, dass Menschen wirklich umkehren und ein gerechtes und heiliges Leben führen, lässt er das Gericht verkündigen. Was würdest du mit einem Postboten machen, der deine Briefe umschreibt, bevor er sie einwirft? Das wäre ein Verbrechen! Und was, denkst du, wird Gott also mit den „Boten“ des Evangeliums machen, die seine Botschaft verdrehen, Teile weglassen, neue hinzufügen und so weiter...?

> *„Wenn jemand etwas zu diesen Dingen hinzufügt, so wird Gott ihm die Plagen zufügen, von denen in diesem Buch geschrieben steht; und wenn jemand etwas wegnimmt von den Worten des Buches dieser Weissagung, so wird Gott wegnehmen seinen Teil vom Buch des Lebens und von der heiligen Stadt, und von den Dingen, die in diesem Buch geschrieben stehen.“*
> *(Offb. 22,18-19)*

WAS GNADE UNMÖGLICH MACHT

Gottes Gnade zielt darauf ab, unser Leben durch und durch zu heiligen. Ein Mensch kann auch vor einem weltlichen Gericht nur begnadigt werden, wenn er freiwillig und aus Überzeugung die Punkte ändern will, für die er verurteilt worden ist. Wenn er diese Punkte nicht als strafbaren Gesetzesbruch anerkennt und die Strafe dafür als zu überzogen betrachtet, dann kann er nicht begnadigt werden. Dann bleibt er unter dem Urteil und die Strafe wird vollstreckt, egal, was er davon hält.

Ein Beispiel: In Amerika gibt es heute noch die Todesstrafe und der Gouverneur eines Bundesstaates ist für die Gnadengesuche zuständig. Vor einiger Zeit machte ein interessanter Fall weltweit Schlagzeilen. Ein mehrfacher Mörder und Bandenchef sollte hingerichtet werden und Hunderte demonstrierten dagegen. Es war nämlich so, dass der Verurteilte während seiner Zeit im Gefängnis damit begonnen hatte, Kinderbücher zu schreiben - und das mit Erfolg! Als der Tag der Hinrichtung kam, argumentierten seine Fans: „Wie kann man so einen begnadeten Schriftsteller nicht begnadigen?“ Arnold Schwarzenegger, der dortige Gouverneur, musste sich vor den Kameras erklären und sagte in etwa: „Ich will ihn ja begnadigen, aber seine Haltung macht es mir unmöglich. Er sieht seine Schuld nicht ein! Er sagt, dass die Gesellschaft schuld an seinem

Werdegang und seinen Taten sei!“ Hier sehen wir das Dilemma. Schwarzenegger ist gewillt, den Straftäter zu begnadigen, aber die uneinsichtige Haltung des Schuldigen macht es ihm unmöglich. Der Zwiespalt, in dem Schwarzenegger sich befand, zeigt uns gleichzeitig Gottes Zwangslage auf. Gott will jedem Menschen gnädig sein und lässt deshalb das Gericht verkündigen. Wer aber selbstgerecht und unbußfertig bleibt, der macht es Gott unmöglich, ihn zu begnadigen. Solch ein Mensch wird verloren gehen, obwohl Gott Liebe und voller Gnade ist - und am Kreuz gelitten hat. Daran sehen wir:

Unsere selbstgerechte und unbußfertige Haltung macht es Gott unmöglich, uns gnädig zu sein.

Als ein weiteres Beispiel lassen sich Sodom und Gomorrha anführen. Auch in diesen Städten schrie die Sündhaftigkeit zum Himmel und Gott sandte Boten, um das Gericht zu verkündigen. Aber die Einwohner nahmen das Urteil Gottes nicht ernst. Und was geschah? Gott richtete die Stadt mit Feuer und Schwefel. Hieran können wir folgendes erkennen:

Gott ist gnädig und er will begnadigen, aber es ist seine Pflicht, das gerechte Gericht an denen zu vollstrecken, die nicht umkehren wollen!

Der gleiche Vorgang spielte sich ab, als Gott die ganze Menschheit in der Sintflut richtete. Auch in diesem Fall warnte Gott vor dem drohenden Gericht und rief die Menschen zur Umkehr auf, aber sie glaubten der Warnung nicht und schlugen die einzige Möglichkeit, begnadigt und gerettet zu werden, aus. Da traf Gottes Gericht wie angekündigt ein und raffte alle dahin.

Auch die heutige Welt geht ihrem Gericht entgegen. Petrus schrieb:

> *„Die jetzigen Himmel aber und die Erde werden durch dasselbe Wort aufgespart und für das Feuer bewahrt bis zum Tag des Gerichts und des Verderbens der gottlosen Menschen. Dieses eine aber sollt ihr nicht übersehen, Geliebte, daß ein Tag bei dem Herrn ist wie tausend Jahre, und tausend Jahre wie ein Tag! Der Herr zögert nicht die Verheißung hinaus, wie etliche es für ein Hinauszögern halten, sondern er ist langmütig gegen uns, weil er nicht will, daß jemand verlorengehe, sondern daß jedermann Raum zur Buße habe. Es wird aber der Tag des Herrn kommen wie ein Dieb in der Nacht; dann werden die Himmel mit Krachen vergehen, die Elemente aber vor Hitze sich auflösen und die Erde und die Werke darauf verbrennen. Da nun dies alles aufgelöst wird, wie sehr solltet ihr euch auszeichnen durch heiligen Wandel und Gottesfurcht, indem ihr das Kommen des Tages Gottes erwartet und ihm entgegeneilt, an wel-*

chem die Himmel sich in Glut auflösen und die Elemente vor Hitze zerschmelzen werden! Wir erwarten aber nach seiner Verheißung neue Himmel und eine neue Erde, in denen Gerechtigkeit wohnt. Darum, Geliebte, weil ihr dies erwartet, so seid eifrig darum bemüht, daß ihr als unbefleckt und tadellos vor ihm erfunden werdet in Frieden! Und seht die Langmut unseres Herrn als eure Rettung an,…" (2. Petr. 3,7-15)

Deutlicher geht es nicht mehr. Gott ist langmütig, er ist gnädig, er will nicht, dass Menschen verloren gehen und er will uns retten. Aber das Urteil ist gesprochen und das Gericht wird an denen vollstreckt, die nicht zu einem heiligen Leben umkehren wollen.

Was heute keiner mehr wahrhaben will, steht in der ganzen Bibel: Es ist Gottes Recht und seine Pflicht, das gerechte Gericht an denen zu vollstrecken, die nicht konsequent umkehren wollen. Wir können Gottes Gericht also nicht vom Evangelium trennen.

Wenn Gott das Gericht vollstreckt, ist es aber gleichzeitig auch immer eine Warnung und Aufforderung an andere, umzukehren. Leider ist es eine Tatsache, dass nichts anderes auf der Welt uns hartherzige Menschen eher zur Umkehr bewegt als Gottes Gerichte. Bereits Jesaja, der prophetische Evangelist, wusste, auf welcher Grundlage er das Evangelium verkündigte. Er betete:

„...sobald deine Gerichte die Erde treffen, lernen die Bewohner des Erdkreises Gerechtigkeit.“ (Jes. 26,9)

Lies dir mal die Klagelieder des Propheten Jeremia durch! Da leuchtet dir diese Tatsache auf jeder Seite und in jedem Kapitel entgegen. Gott vollstreckte das Gericht an Israel und für den Propheten Jeremia gab es keinen Zweifel daran, *wer* es vollstreckte. Aber diese Teile der Bibel will heute keiner mehr wahrhaben:

„Der Herr hat vertilgt und nicht verschont!“ (Klgl. 2,2)

Die Katastrophe kam nicht zufällig, sondern von Gott persönlich. Hat Gott ungerecht gehandelt? Nein, denn eines stand fest:

„Der Herr ist gerecht, denn ich bin widerspenstig gewesen gegen sein Reden.“ (Klgl. 1,18a)

An Gottes Gerechtigkeit besteht in seinem Gericht kein Zweifel. Wenn Gott Gericht übt, erkennt der Mensch seine Sünden. Erst als alles in Schutt und Asche war, ging den Menschen ein Licht auf, dass ihre falschen Propheten sie in die Irre geführt hatten:

„Deine Propheten, sie haben dir erlogenes und fades Zeug geweissagt; sie deckten deine Schuld nicht auf, um dadurch deine Gefangenschaft

abzuwenden, sondern sie weissagten dir Aussprüche voll Trug und Verführung.“ (Klgl. 2,14)

Hier sehen wir es deutlich: Wenn Gottes Wort verkündigt wird, dann wird Schuld aufgedeckt, um sie in Ordnung zu bringen und nicht unter einem Deckmantel der Liebe und der Gnade verschwiegen, wie es die falschen Propheten verkündigen. Und weil die Leute sich in ihrer falschen Sicherheit wiegten und nicht von ihren Sünden lassen wollten, kam es, wie es kommen musste:

„Der HERR hat vollbracht, was er sich vorgenommen hatte; er hat sein Wort genau erfüllt, das er von alters her hat verkündigen lassen; er hat schonungslos zerstört.“ (Klgl. 2,17)

Was schlussfolgerte der Prophet Jeremia aus der nationalen Zerstörung? Etwa, dass Gott ungnädig ist? Nein! Das Gegenteil ist der Fall!

„Gnadenbeweise des HERRN sind's, daß wir nicht gänzlich aufgerieben wurden, denn seine Barmherzigkeit ist nicht zu Ende; ...wenn er betrübt hat, so erbarmt er sich auch nach der Fülle seiner Gnade; denn nicht aus Lust plagt und betrübt Er die Menschenkinder...“
(Klgl. 3,22; 32-33)

Solange Gott seine Gerichte auf solche Weise vollstreckt, dass andere aufwachen, können wir sehen, dass er in seiner Gnade darauf abzielt, andere Menschen zur Umkehr zu bewegen. Erkennst du Gottes Gnade - selbst, wenn er das Gericht vollzieht? Wäre Gott nicht gnädig, dann würde er uns alle auf einmal vernichten, aber weil er gnädig ist, vollstreckt er immer „nur" einen Teil des Gerichts. Deshalb verkündigt der Prophet Jeremia auch:

> *„Was beklagt sich der Mensch, der noch am Leben ist? Es hätte sich wahrlich jeder über seine Sünde zu beklagen! Laßt uns unsere Wege prüfen und erforschen und umkehren zum HERRN! Laßt uns unsere Herzen samt den Händen zu Gott im Himmel erheben! Wir sind abtrünnig und widerspenstig gewesen..." (3,39-42)*

Gott vollstreckt sein Gericht, damit wir, die wir am Leben geblieben sind, einsichtig werden und zu Gott umkehren. Es ist eine fette, dämonische Lüge, dass Gott in seiner Liebe und Gnade kein Gericht verkündigt und vollstreckt - sondern dieses Gericht macht einen Teil der Gnade Gottes aus.

Voraussetzungen für die Begnadigung

Wir wollen nun sehen, was im Menschen passieren muss, damit er überhaupt begnadigt werden kann. Der Schuldige muss erstens die konkrete Schuld einsehen, die er begangen hat, zweitens ist es notwendig, dass er seine Strafe als „gerecht“ anerkennt und drittens muss er deutlich erkennbar werden lassen, dass er sich konkret bessern will. Ohne diese drei Voraussetzungen darf ein Richter nicht begnadigen.

Wie sieht es in diesem Punkt bei uns aus? Erkennst du Gottes Heiligkeit und Gerechtigkeit an? Glaubst du, dass du als Mensch von Gott geschaffen bist, um als sein Ebenbild seine Heiligkeit zu verkörpern und zu verwirklichen? Siehst du ein, dass dein Wunsch nach Selbstverwirklichung ein Zeichen der Rebellion gegen Gott ist? Siehst du ein, dass deine Schuld darin besteht, dass du immer wieder auf Satan gehört hast und dich in Gedanken, Worten und Taten zuerst an Gott, dann aber auch an Menschen, Tieren und der gesamten Schöpfung versündigt hast? Stimmst du dem zu, dass Gott z.B. das Beschimpfen eines anderen Menschen nicht akzeptieren kann? Jesus sagte:

> *„Wer aber sagt: Du Narr!, der wird dem höllischen Feuer verfallen sein.“* (Mt. 5,22)

Ist Gott in deinen Augen kleinlich? Denkst du, dass Jesus an dieser Stelle maßlos übertreibt? Wer tatsächlich maßlos ist, sind wir! Wir weigern uns, Gottes Heiligkeit zu verkörpern und zu leben. Wir sind maßlos und selbstgerecht, aber Gott wird nie von seiner Heiligkeit und Gerechtigkeit abweichen. Schau dir doch an, wie viele Menschen seelisch zerstört worden sind, weil man ihnen gesagt hat: „Du bist nichts!“ Wie viel Leid haben wir über die Menschheit gebracht - allein mit Worten! Wir sagen: „Ist nur Spaß!“ Wie viele Menschen, die sich Christen nennen, schauen sich unzüchtige oder brutale Filme an und sagen: „Ist doch nur ein Film...“ Aber bei Gott gibt es kein „nur“, sondern als Jesaja verkündete, wer letztlich tatsächlich bei Gott sein wird, sagte er:

> *„Wer in Gerechtigkeit wandelt und aufrichtig redet; wer es verschmäht, durch Bedrückung Gewinn zu machen; wer sich mit seinen Händen wehrt, ein Bestechungsgeschenk anzunehmen; wer seine Ohren verstopft, um nicht von Blutvergießen zu hören; wer seine Augen verschließt, um Böses nicht mit anzusehen...“*
> *(Jes. 33,15)*

Wie gerne schauen wir uns heute Böses an. Ganze Gemeindejugendgruppen gehen ins Kino und machen die Ohren und Augen weit auf, wenn es um Mord, Totschlag, Unzucht und verbale Gewalt geht... Und das ist nur *ein* Beispiel, wie wir uns von Satan und der Welt beeinflussen lassen, statt durch Gottes Wort und Geist ein heiliges und vorbildliches Leben zu führen! Was die Welt braucht, sind nicht noch mehr „christliche Aktionen", sondern Christen im wahrsten Sinne des Wortes - Menschen, in denen Gott sein heiliges Wesen verwirklichen kann - zum Segen aller!

> *„... wißt ihr nicht, daß die Freundschaft mit der Welt Feindschaft gegen Gott ist? Wer also ein Freund der Welt sein will, der macht sich zum Feind Gottes!" (Jak. 4,4)*

> *„Zieht nicht in einem fremden Joch mit Ungläubigen! Denn was haben Gerechtigkeit und Gesetzlosigkeit miteinander zu schaffen? Und was hat das Licht für Gemeinschaft mit der Finsternis? Wie stimmt Christus mit Belial überein? Oder was hat der Gläubige gemeinsam mit dem Ungläubigen? Wie stimmt der Tempel Gottes mit Götzenbildern überein? Denn ihr seid ein Tempel des lebendigen Gottes, wie Gott gesagt hat: Ich will in ihnen wohnen und unter ihnen wandeln und will ihr Gott sein, und sie sollen mein Volk sein. Darum geht hinaus von ihnen und sondert euch ab, spricht der Herr, und rührt nichts Unreines an! Und ich will euch aufnehmen, und ich will euch ein Vater sein, und ihr sollt mir Söhne und Töchter sein, spricht der Herr, der Allmächtige. Weil wir nun diese Verheißungen haben, Geliebte, so wollen wir uns reinigen von aller Befleckung des Fleisches und*

des Geistes zur Vollendung der Heiligkeit in Gottesfurcht!" (2. Kor. 6,14-18; 7,1)

Gottes Verheißung ist klar und deutlich. Er will uns annehmen und er möchte unser Vater sein - aber die Voraussetzung dafür ist, dass wir uns konsequent von allem Weltlichen mit der Absicht abwenden, uns in der Gottesfurcht zu heiligen. Viele modernen „Gemeindebaustrategien" vermitteln heute das genaue Gegenteil. Von Heiligung ist keine Rede mehr, sondern nur davon, wie man sich der Welt anpassen kann.

Absicht der Gnade

Begnadigt kann nur werden,

wer seine Schuld einsieht,
wer seine Strafe als gerecht anerkennt
und sich freiwillig und aus Überzeugung ändern will.

Sind diese drei Bedingungen gegeben, sieht der gnädige Richter nicht mehr auf das Urteil und die Strafe, sondern:

Gnade schaut auf das, was sie aus dem Schuldigen machen kann - nämlich einen besseren Menschen.

Gottes echte Gnade bietet keinen Freiraum, um weiterhin in Gedanken, Worten oder Taten zu sündigen. Wer das denkt, der lebt in einer Illusion über Gottes Gnade und wer das lehrt, der ist ein Irrlehrer! Gottes Gnade will heilige Menschen aus uns machen.

> *„Denn die Gnade Gottes ist erschienen, die heilbringend ist für alle Menschen; sie nimmt uns in Zucht, damit wir die Gottlosigkeit und die weltlichen Begierden verleugnen und besonnen und gerecht und gottesfürchtig leben in der jetzigen Weltzeit, indem wir die glückselige Hoffnung erwarten und die Erscheinung der Herrlichkeit des großen Gottes und unseres*

Retters Jesus Christus, der sich selbst für uns hingegeben hat, um uns von aller Gesetzlosigkeit zu erlösen und für sich selbst ein Volk zum besonderen Eigentum zu reinigen, das eifrig ist, gute Werke zu tun. Dieses sollst du lehren und mit allem Nachdruck ermahnen und zurechtweisen." (Tit. 2,11-15)

Lies dir diese Aussage einige Male durch, um sie in ihrer Tiefe zu erfassen. Gottes Gnade lässt uns nicht, wie wir sind, sondern sie nimmt uns in Zucht. Wenn man Rosen züchtet, dann veredelt man sie. Gott will uns heiligen, er will uns veredeln. Da bleibt kein Raum mehr für Gottlosigkeit, wenn wir ganz von seinem Wesen erfüllt werden. Alles, was Gott tut, soll dazu dienen, dass...

„...ihr erfüllt werdet bis zur ganzen Fülle Gottes." (Eph. 3,19)

Bewährung

Folgende Punkte finden in der modernen Theologie kaum Beachtung: Wenn ein verurteilter Straftäter gnädigerweise frei gelassen wird, obwohl er eigentlich ins Gefängnis gehören würde, dann lässt man ihn nicht bedingungslos frei, sondern nur auf Bewährung. Und für einen Menschen auf Bewährung **bleibt das Urteil in Kraft** und das **Gesetz** des Staates natürlich auch.

Dazu ein wahres Beispiel: Ich habe ein Praktikum in mehreren Gefängnissen gemacht und dabei einen Mann kennen gelernt, der 36 (!) Jahre seines Lebens im Gefängnis verbracht hat. Als er wieder einmal auf Bewährung entlassen worden war, klaute er im Supermarkt eine Schachtel Zigaretten. Er wurde dabei erwischt und weil er u.a. wegen Diebstahls verurteilt worden war, kam er sofort wieder ins Gefängnis, um dort seine Reststrafe abzusitzen.

Wir müssen folgende Punkte für unser Glaubensleben unbedingt beachten:

1) Das Urteil eines Gerichts bleibt im Falle einer Begnadigung so lange rechtskräftig, bis die Bewährungsfrist abgelaufen ist und
2) das Gesetz eines Landes gilt während der Bewährungsfrist genauso wie zuvor und natürlich auch danach.

Kein Begnadigter erhält während der Bewährungsfrist die Freiheit, Gesetze zu brechen. Tut er dies, dann fällt er aus der Gnade und muss die Strafe, zu der er verurteilt worden ist, wieder antreten, weil diese rechtskräftig bleibt.

Im Falle einer Begnadigung kommt der Straftäter auf Bewährung aus der Haft heraus und hat nun die Gelegenheit, mit aller Hilfe und Unterstützung von Seiten des Staates ein Leben ohne Gesetzesbrüche zu führen - genau darin muss er sich bewähren. Wenn sich der Begnadigte nichts zu Schulden kommen lässt und beweist, dass er ein neues Leben begonnen hat, bleibt ihm die Freiheit erhalten und das Urteil verliert nach der Bewährungsfrist seine Gültigkeit.

Das Gleiche gilt auch für Gottes Gnade. Die Bibel spricht eindeutig davon, dass Gott Menschen begnadigt, um aus ihnen heilige Menschen zu machen. Ab dem Moment unserer Begnadigung sind wir auf „Bewährung" frei, um geheiligt zu werden. Denn Gott will heilige Menschen für seinen heiligen Himmel aus uns machen. Dieser Punkt wird heute allerdings gerne totgeschwiegen. Aber Gottes Wort sagt uns:

> *„Jagt nach dem Frieden mit jedermann und der Heiligung, ohne die niemand den Herrn sehen wird!" (Hebr. 12,14)*

Und wer die Gnade missbraucht, um weiterhin zu sündigen, der soll sich bewusst machen, was Gott dazu sagt:

> *„Denn wenn wir mutwillig sündigen, nachdem wir die Erkenntnis der Wahrheit empfangen haben, so bleibt für die Sünden kein Opfer mehr übrig, sondern nur ein schreckliches Erwarten des Gerichts und ein Zorneseifer des Feuers, der die Widerspenstigen verzehren wird. Wenn jemand das Gesetz Moses verwirft, muß er ohne Erbarmen sterben auf die Aussage von zwei oder drei Zeugen hin; wieviel schlimmerer Strafe, meint ihr, wird derjenige schuldig erachtet werden, der den Sohn Gottes mit Füßen getreten und das Blut des Bundes, durch das er geheiligt wurde, für gemein geachtet und den Geist der Gnade geschmäht hat? Denn wir kennen ja den, der sagt: Die Rache ist mein; ich will vergelten! spricht der Herr, und weiter: Der Herr wird sein Volk richten. Es ist schrecklich, in die Hände des lebendigen Gottes zu fallen!“ (Hebr. 10,26-31)*

Gottes Wort ist in dieser Beziehung so deutlich wie in jedem anderen Bereich auch. Es gibt aber Menschen, die sich die Aussagen der Bibel derart zurechtrücken, dass sie dazu imstande sind, dir zu „beweisen“, dass Gott dies und jenes nicht so meint und dass ein Begnadeter (oder Bekehrter, Wiedergeborener oder Geistgetaufter) tun kann, was er möchte, ohne dabei verloren zu gehen.

Warum aber willst du etwas anderes hören als Gottes Wort? Warum willst du an menschlichen Illusionen und Irrlehren festhalten, wenn sie dich in die Hölle bringen? Gottes Wort drückt sich an dieser Stelle klar und deutlich aus. Die Bibel ist so einfach und verständlich geschrieben, dass man die Hilfe anderer braucht, um sie falsch zu interpretieren. Was sonst meint Paulus, wenn er schreibt:

> *„...ihr seid aus der Gnade gefallen!“ (Gal. 5,4)?*

„Aus der Gnade zu fallen“ ist also möglich! Man kann die Gnade Gottes vergeblich empfangen:

> *„Aber als Mitarbeiter ermahnen wir euch auch, die Gnade Gottes nicht vergeblich zu empfangen.“ (2. Kor. 6,1)*

Geht es noch deutlicher? Schau, was Jesus an die Gemeinde in Ephesus schreibt - also an Begnadigte!

> *„...ich habe gegen dich, daß du deine erste Liebe verlassen hast. Bedenke nun, wovon du gefallen bist, und tue Buße und tue die ersten Werke! Sonst komme ich rasch über dich und werde deinen Leuchter von seiner Stelle wegstoßen, wenn du nicht Buße tust!“ (Offb. 2,4.5)*

Diese Menschen wurden begnadigt, aber sie haben die erste Liebe verlassen, d.h. sie haben ihre anfänglich gewonnene Überzeugung, Gott freiwillig in allem zu gehorchen, durch andere Überzeugungen ersetzt. Vielleicht sieht eine davon so aus: „Ach, ich kann ja eh nicht verloren gehen, also kann ich ruhig sündigen..." Aber Gottes Ansage ist deutlich und unmissverständlich. Im selben Kapitel findet Jesus deutliche Worte für Begnadete, die in ihrer Einstellung lau geworden sind:

> *„Ich kenne deine Werke, daß du weder kalt noch heiß bist. Ach, daß du kalt oder heiß wärst! So aber, weil du lau bist und weder kalt noch heiß, werde ich dich* **ausspeien** *aus meinem Mund." (Offb. 3,16)*

Jesus kennt deine Werke. Um gerettet zu werden, brauchst du keine guten Taten vorzuweisen, sondern du benötigst eine bußfertige Einstellung. Aber wer unter der Gnade so bleiben will, wie er ist, der hört hier in aller Deutlichkeit, was Jesus ihm zu sagen hat: „Ich finde euch Halbherzige zum Kotzen!" Erreicht uns das? Oder lassen wir Jesus reden und setzen uns auf unseren theologischen Illusionen zur Ruhe? Gott hat uns ausrichten lassen, was ein Leben unter der Gnade mit Werken zu tun hat:

> *„Denn die Gnade Gottes ist erschienen, die heilbringend ist für alle Menschen; sie nimmt uns in Zucht, damit wir die Gottlosigkeit und die weltlichen Begierden verleugnen und besonnen und gerecht und gottesfürchtig leben*

in der jetzigen Weltzeit, indem wir die glückselige Hoffnung erwarten und die Erscheinung der Herrlichkeit des großen Gottes und unseres Retters Jesus Christus, der sich selbst für uns hingegeben hat, um uns von aller Gesetzlosigkeit zu erlösen und für sich selbst ein Volk zum besonderen Eigentum zu reinigen, das eifrig ist, gute Werke zu tun. Dieses sollst du lehren und mit allem Nachdruck ermahnen und zurechtweisen." (Tit. 2,11-15)

Unter der Gnade sollen wir zu Menschen werden, die freiwillig und aus Überzeugung gute Werke tun. Das betont Gott nachdrücklich. Durch Jakobus lässt er uns ausrichten:

„Was hilft es, meine Brüder, wenn jemand sagt, er habe Glauben, und hat doch keine Werke? Kann ihn denn dieser Glaube retten?" (Jak. 2,14)

Solch ein „Glaube" ist nicht mehr und nicht weniger als das Zur-Kenntnis-nehmen von biblischen Wahrheiten und der gleichzeitige Wunsch, heimlich weiterzusündigen. Aber biblischer Glaube an das Evangelium ändert die Einstellung und führt durch ein Leben im Geist zur entschiedenen und konsequenten Heiligung. Andernfalls ist der Glaube tot!

„Willst du aber erkennen, du nichtiger Mensch, daß der Glaube ohne die Werke tot ist?" (Jak. 2,20)

Wenn dein Glaube nicht innere und äußere Heiligkeit bewirkt, all deine Ziele, Werte, Prioritäten und Motive in Einklang mit Gottes Werten und seinen Willen bringt und nicht dazu führt, dass du gute Werke tust, dann ist es nicht der rettende Glaube der Bibel. Dann ist dein „Glaube" tot. Und darin sehe ich ein gewaltiges Problem in der christlichen Szene! Diese Aspekte sind noch nicht einmal im Bewusstsein der „Christen" *angelangt*. In welcher Gemeinde werden denn die warnenden Worte gepredigt, die Gott der Gemeinde ausrichten lässt?

> *„Darum, wie der heilige Geist spricht: Heute, wenn ihr seine Stimme hören werdet, so verstockt eure Herzen nicht, wie es geschah bei der Verbitterung am Tage der Versuchung in der Wüste, wo mich eure Väter versuchten und prüften und hatten doch meine Werke gesehen vierzig Jahre lang. Darum wurde ich zornig über dieses Geschlecht und sprach: Immer irren sie im Herzen! Aber sie verstanden meine Wege nicht, so daß ich schwor in meinem Zorn: Sie sollen nicht zu meiner Ruhe kommen. Seht zu, liebe Brüder, daß keiner unter euch ein böses, ungläubiges Herz habe, das abfällt von dem lebendigen Gott; sondern ermahnt euch selbst alle Tage, solange es „Heute" heißt, daß nicht jemand unter euch verstockt werde durch den Betrug der Sünde. Denn wir haben an Christus Anteil bekommen, wenn wir die Zuversicht vom Anfang bis zum Ende festhalten,..." (Hebr. 3,7-14)*

Hier wird die Gemeinde der Begnadeten davor gewarnt, von dem lebendigen Gott abzufallen. Wir bekommen dann Anteil an Christus, wenn wir bis zum Ende in der Heiligung auf den Heiligen Geist hören. Wir können deshalb durchaus von „Bewährung“ sprechen. Wer bis zum Schluss dem Bewährungshelfer, also dem Heiligen Geist, Gehör schenkt, der kommt in den Himmel. Wer aber den Geist der Gnade, der uns heiligen will, ignoriert, wird nicht in Gottes Ruhe einkehren, sondern verloren gehen.

Ein Leben in der Gnade ist mehr als ein Leben mit vorgefertigten theologischen Modellen, die im Kopf hin und her geschoben werden. Es ist ein Leben mit dem sprechenden Geist. Der Heilige Geist redet! Er ist unter anderem unser Bewährungshelfer und unterstützt uns dabei, nicht durch den Betrug der Sünde verstockt zu werden und abzufallen, sondern in der Heiligung voranzuschreiten und die Zuversicht bis zum Ende festzuhalten. Aber Verstockung und Abfall sind generell möglich!

Durch die Begnadigung wurden wir sogar von Gott als Kinder angenommen und dürfen ihn unseren Vater nennen. Wir würden sehr einseitig denken, wenn wir unsere Beziehung zu Gott nur als solche sehen, in der Gott der Richter ist und in der der Heilige Geist allein unseren Bewährungshelfer darstellt. Nein, durch die Wiedergeburt sind wir wirklich zu Kindern Gottes geworden und Gott ist tatsächlich unser Vater! Aber an dieser Stelle ist jetzt Vorsicht geboten: Was bedeutet es, dass Gott unser Vater ist? Welchen Vergleich will Gott damit anstellen? Ich habe immer wieder gehört, dass folgendes gemeint sei: „Ein Sohn ist ein Sohn, egal, in welche Richtung er sich entwickelt und welchen Weg er geht, weil er die Gene des Vaters hat." Richtig, das trifft auf uns Menschen zu. Aber welche Schlussfolgerung ergibt sich aus der Annahme, dass Gott genau das meint, wenn er davon redet, dass er unser Vater ist und wir seine Kinder sind? Dann gelangen wir zu der folgenden falschen, aber weit verbreiteten Denkweise: Wenn man wiedergeboren ist, dann kann man nicht mehr verloren gehen, egal, wie man sich entwickelt oder wie man weiterlebt, auch wenn man Gott den Rücken kehren sollte und nichts mehr mit ihm zu tun haben will - Sohn bleibt Sohn und man kommt in den Himmel. Und das ist nicht nur kompletter Unsinn, sondern ein dämonischer Angriff auf die Heiligung! Wenn wir in der Bibel davon lesen, dass Gott unser Vater ist und wir seine Kinder, dann ist damit etwas anderes gemeint: Es geht darum, dass sich ein Kind in einer gesunden Beziehung zu seinem Vater in allem an dem Vater orientiert, ihm uneingeschränkt glaubt und vertraut, von ihm lernt und von seinem Einfluss geprägt wird. Darüber hinaus gehorcht es ihm freiwillig und aus Überzeugung und lässt sich von ihm zum Guten erziehen. Der Vater wiederum liebt und sorgt für das Kind und ist das Maß aller Dinge. *Das* soll durch diesen

Vergleich ausgedrückt werden! Gott will nämlich nicht einfach nur „Kinder", sondern *gehorsame* und *heilige* Kinder.

> *„Als gehorsame Kinder paßt euch nicht den Begierden an, denen ihr früher in eurer Unwissenheit dientet, sondern wie der, welcher euch berufen hat, heilig ist, sollt auch ihr heilig sein in eurem ganzen Wandel. Denn es steht geschrieben: Ihr sollt heilig sein, denn ich bin heilig! Und wenn ihr den als Vater anruft, der ohne Ansehen der Person richtet nach dem Werk jedes einzelnen, so führt euren Wandel in Furcht, solange ihr euch hier als Fremdlinge aufhaltet. Denn ihr wißt ja, daß ihr nicht mit vergänglichen Dingen, mit Silber oder Gold, losgekauft worden seid aus eurem nichtigen, von den Vätern überlieferten Wandel, sondern mit dem kostbaren Blut des Christus, als eines makellosen und unbefleckten Lammes." (1. Petr. 1,14-19)*

Hier steht klipp und klar, dass es Gott nicht zuerst darum geht, so viele Kinder wie möglich, sondern gehorsame Kinder zu haben, die an der Heiligkeit Gottes orientiert leben. Nicht Quantität, sondern Qualität spiegelt Gottes Willen wider! In diesen Versen wird uns außerdem mitgeteilt, dass der Vater **ohne Ansehen der Person alle Menschen nach ihren Werken richten wird**. Der Apostel Petrus warnt damit deutlich davor, dass sich niemand etwas auf sein „Kindsein" einbilden solle wie damals die Israeliten, welche behaupteten:

„Gott ist unser Vater", aber denen Jesus entgegnen musste:

> *„Ihr habt den Teufel zum Vater und nach seinen Gelüsten wollt ihr tun." (Joh. 8,44)*

Es gibt so viele Menschen, die davon reden, dass Gott ihr Vater sei! Dabei ist die Frage, ob du ein gehorsames Kind bist. Petrus sagt unmissverständlich: „...wenn ihr den als Vater anruft, der ohne Ansehen der Person richtet nach dem Werk jedes einzelnen, so führt euren Wandel in Furcht..." Als Kind Gottes verfügt man über keinen Freiraum, in dem man sorglos sündigen kann. Gott hat ausdrücklich festgelegt, wen er als Kind annehmen will:

> *„...was hat der Gläubige gemeinsam mit dem Ungläubigen? Wie stimmt der Tempel Gottes mit Götzenbildern überein? Denn ihr seid ein Tempel des lebendigen Gottes, wie Gott gesagt hat: Ich will in ihnen wohnen und unter ihnen wandeln und will ihr Gott sein, und sie sollen mein Volk sein. Darum geht hinaus von ihnen und sondert euch ab, spricht der Herr, und rührt nichts Unreines an! Und ich will euch aufnehmen, und ich will euch ein Vater sein, und ihr sollt mir Söhne und Töchter sein, spricht der Herr, der Allmächtige. Weil wir nun diese Verheißungen haben, Geliebte, so wollen wir uns reinigen von aller Befleckung des Fleisches und*

des Geistes zur Vollendung der Heiligkeit in Gottesfurcht!" (2. Kor. 6,15-18; 7,1)

Wir besitzen diese Verheißung Gottes. Gott will uns aufnehmen und unser Vater sein. Aber diese Verheißung ist ganz klar an Bedingungen gekoppelt. Bei Gott gibt es nicht Gnade für alle!

Was müssen wir also tun, um begnadigt zu werden?

Erstens müssen wir Gottes Heiligkeit und Gerechtigkeit anerkennen.
Zweitens müssen wir unsere Schuld einsehen.
Drittens müssen wir Gottes Strafe anerkennen.
Viertens müssen wir glauben, dass Jesus diese Strafe stellvertretend für uns gelitten hat.
Fünftens müssen wir um Gnade bitten.
Sechstens müssen wir umkehren und uns bessern.
Siebtens muss Gott uns konkret begnadigen.

Und was ist die Bedingung, um unter der Gnade zu *bleiben*? Hierfür stehen wir in der Verantwortung, dem Heiligen Geist zu gehorchen und in der Heiligung zu bleiben. **Gottes Geist hilft uns dabei, so dass kein Begnadigter aus der Gnade fallen muss!**

Der Heilige Geist als Bewährungs-helfer

Heute wird viel über den Heiligen Geist geredet. Weil aber die meisten „Christen" die prophetischen Ankündigungen Gottes in den Heiligen Schriften und Propheten vernachlässigen, wissen sie nicht, dass der Heilige Geist als Geist der Gnade angekündigt ist (Sach. 12,10), und dass der Hebräerschreiber davor warnt, den Geist der Gnade zu schmähen (Hebr. 10,28-31).

Wichtig ist, dass der Heilige Geist in der Bibel als Person dargestellt wird. Er wird Tröster, Ratgeber, Helfer, Lehrer und sogar Herr genannt. Gott will also, dass wir den Heiligen Geist nicht nur als eine Kraft verstehen, sondern auch als eine Person.

Der Heilige Geist wird von Jesus darüber hinaus auch „parakletos" genannt, was übersetzt „juristischer Berater und Beistand" bedeutet. Deshalb können wir den Heiligen Geist der Gnade in unserem Zusammenhang ohne Bedenken „**Bewährungshelfer**" nennen.

Oft wird über den „parakletos" so gelehrt, dass er uns beisteht, wenn Satan uns nach einer begangenen Sünde anklagt. Das ist auch richtig! Wenn Satan jemandem einreden will, dass er aufgrund der einen oder anderen Sünde verloren gehen muss, wird ihm Gottes „paraklet" beistehen und ihm Jesus zeigen. Dadurch wird uns immer bewusster: Wir sind durch das Werk am Kreuz gerechtfertigt und nicht aufgrund unserer mangelhaften Werke oder unseres heiligen Zustandes, der mal wieder zu wünschen übrig lässt.

Aber das erfasst nicht den gesamten Aufgabenbereich des „parakletos“. Der „parakletos“ will uns nämlich ebenfalls beistehen, damit wir ein heiliges Leben führen. Was passiert mit einem verurteilten Straftäter, wenn er begnadigt wird? Er bekommt einen Bewährungshelfer an die Seite gestellt, wenn er auf Bewährung in die Freiheit darf. Der Bewährungshelfer tut nun alles, damit das Leben des Begnadeten ohne weitere, von diesem begangene Rechtsbrüche gelingt. Er ermutigt, er hilft, er berät und belehrt; er steht zur Seite und hat sowohl das Recht als auch die Pflicht, eine Besserung konkret zu fordern und zu fördern.

Jesaja hat den Bewährungshelfer angekündigt:

> *„Darum wartet der HERR, damit er euch begnadigen kann, und darum ist er hoch erhaben, damit er sich über euch erbarmen kann, denn der HERR ist ein Gott des Rechts; wohl allen, die auf ihn harren! Denn du Volk, das in Zion wohnen wird, in Jerusalem, du sollst nicht mehr weinen; er wird dir gewiß Gnade erweisen, wenn du um Hilfe rufst; sobald er es hört, antwortet er dir! Der Herr hat euch zwar Brot der Drangsal zu essen und Wasser der Trübsal zu trinken ge-*

geben; aber dein Lehrer wird sich nicht länger verborgen halten, sondern deine Augen werden deinen Lehrer sehen; und deine Ohren werden das Wort hören, das hinter dir her so spricht: Dies ist der Weg, den geht!" (Jes. 30,18-21)

Jesaja spricht davon, dass Gott das angekündigte Gericht vollstreckt, um diejenigen begnadigen zu können, die von Herzen seine Hilfe suchen. Gott wartet nur darauf, dass wir Menschen das tun. Und wie reagiert er auf das Rufen der Bußfertigen? Er wird sofort seine Gnade erweisen. Aber dann kommt der Punkt, auf den ich hinaus will: „...dein Lehrer wird sich nicht länger verborgen halten, sondern deine Augen werden deinen Lehrer sehen; und deine Ohren werden das Wort hören, das hinter dir her so spricht: Dies ist der Weg, den geht!" Schon Jesaja kündigte an, dass wir im Moment der Begnadigung einen Lehrer zur Seite gestellt bekommen, der Gehorsam von uns fordert! Und der Hebräerschreiber spricht das gleiche Thema an. Er sagt uns, dass der Heilige Geist heute redet und dass wir auf ihn hören müssen, wenn wir nicht aus der Gnade fallen wollen (Hebr. 3,7). Gott lässt uns als Begnadigte also nicht alleine, sondern sendet den Heiligen Geist, der uns helfen soll, damit unser neues Leben unter der Gnade gelingt.

Wenn der Begnadigte nun aber den Bewährungshelfer ignoriert und auf irgendeinen Besserwisser in seinem Bekanntenkreis hört anstatt auf ihn sowie seine „Freiheit“ dazu benutzt, um wieder Gesetze zu brechen, dann fällt er aus dem Bewährungsprogramm und der Gnade. Folgerichtig muss er wieder seine Strafe antreten. Denk an meinen Bekannten, der wegen einer geklauten Schachtel Zigaretten wieder ins Gefängnis musste. Dabei ging es ja nicht um die Schachtel, sondern um die Einstellung des Mannes. Ein Mensch mit einer solchen Einstellung beweist, dass er zu Unrecht begnadigt wurde und dass er unverbesserlich ist. Weiterhin kann der Bewährungshelfer nichts für jemanden tun, der ihn ignoriert, **denn das Gesetz und das Urteil bleiben trotz der Gnade in Kraft - und das gilt auch bei Gott.**

Die Bewährungsfrist ist ja dafür angesetzt, damit der Begnadete unter Beweis stellt, dass seine Freilassung gerechtfertigt ist. Während dieser Frist bezeugt der Begnadete dem Staat und dessen Bürgern, dass er die Gesetze des Staates kennt, achtet und hält und dass er wieder gesellschaftsfähig ist. Und dasselbe gilt auch bei Gott - allein mit dem Unterschied, dass wir uns nicht für ein Leben in dieser Welt bewähren sollen, sondern für ein heiliges Leben im heiligen Himmel! Gott will sehen, ob wir wirklich in den Himmel kommen wollen, in dem seine Heiligkeit und Gerechtigkeit uneingeschränkt gilt und verwirklicht wird.

Viele meinen, dass sie unter der Gnade ruhig hier und da weitersündigen können. Und weil Gott gnädig ist, werden sie auch so in den Himmel kommen und dort dann irgendwie absolut heilig sein. Doch die meisten haben noch nie sorgfältig darüber nachgedacht und gehen einfach davon aus, dass sie nach der Auferstehung der Toten eine „implantierte" Heiligkeit erhalten werden. Das ist nicht der Fall. Es bleibt dabei: Gott ist Liebe und er will mit solchen Menschen leben, die ihn ebenfalls lieben und aus Überzeugung mit *ihm* leben wollen.

Wir haben festgestellt, dass der perfekte Mensch das Gute und Richtige freiwillig und aus Überzeugung tut. Im Himmel wird alles perfekt sein. Das bedeutet, dass wir auch dort aus demselben Antrieb heraus handeln und nicht automatisch heilig sein werden. Wäre das der Fall, hätte Gott die ganze Weltgeschichte weglassen und sich gleich heilige Roboter basteln können. Im Himmel wird es nur erlöste Menschen geben, die schon hier auf der Erde mit ihrem heiligen Leben bewiesen haben, dass sie in den Himmel gehören.

Bei der Auferstehung der Toten werden wir einen neuen Körper bekommen, der den ewigen Ansprüchen genügt. Aber wo in der Bibel steht, dass wir durch die Auferstehung eine heilige Einstellung empfangen werden? Nirgendwo! Gott fordert in seinem Evangelium, dass wir unsere Einstellung *jetzt* und *hier* ändern und umkehren. Wenn Gott uns begnadet hat, will er sehen, ob wir wirklich wieder mit ihm leben wollen und ob wir ihn in unserem Leben wirklich Gott sein lassen. Gott will sehen, ob wir ihn tatsächlich lieben oder nur von „Gott dem Vater" faseln, um letzten Endes so zu bleiben, wie wir sind. Gott will sehen, ob wir wirklich in einen heiligen Himmel wollen. **Die Zeit von unserer Begnadigung bis zu unserem körperlichen Tod ist die Zeit unserer Bewährung.**

> *„Strebe eifrig danach, dich Gott als bewährt zu erweisen,..." (2. Tim. 2,15)*

> *„Glückselig ist der Mann, der die Anfechtung erduldet; denn nachdem er sich bewährt hat, wird er die Krone des Lebens empfangen, welche der Herr denen verheißen hat, die ihn lieben." (Jak. 1,12)*

> *„...damit die Bewährung eures Glaubens (der viel kostbarer ist als das vergängliche Gold, das doch durchs Feuer erprobt wird) Lob, Ehre und Herrlichkeit zur Folge habe bei der Offenbarung Jesu Christi." (1. Petr. 1,7)*

Mancher wird einwenden: „Aber es steht doch in der Bibel, dass wir durch unseren Glauben gerettet werden...!" Das stimmt. Aber in dem letzten Vers sehen wir deutlich: Wir sollen nicht nur zum Glauben kommen, sondern unser Glaube soll sich bewähren. Hier ist nicht die Rede von einem schnellen Startschussglauben, sondern von einem laufenden Marathonglauben bis ans Ziel. Die Bibel redet einfach nicht davon, dass Gott damit zufrieden ist, wenn wir „zum Glauben kommen" und uns „bekehrt haben". Vielmehr ist das „zum Glauben kommen" und die „Bekehrung" nur der Anfang des wirklichen Lebens mit Gott in der Heiligung - und das möchte Gott in uns erreichen.

Der Begnadete und das Gesetz

Immer mehr Menschen kommen in der letzten Zeit mit der Ansicht daher, dass für ein Kind Gottes das „Gesetz" nicht mehr gelte. Aber wo hat man je von einem Land gehört, in dem ein Gesetz für jeden Bürger gilt, durch das Rechtsbrüche gerichtet und bestraft werden, aber wo es im Falle einer Begnadigung abgeschafft würde? Das gibt es nicht. Das Gegenteil ist der Fall! Das Gesetz eines Staates gilt immer. Und gerade bei einem begnadigten Menschen auf Bewährung wird insbesondere darauf geachtet, ob er es achtet und hält.

Seltsam, dass echten Christen, die im Geringen treu sind und sich mit ihrem ganzen Leben der Heiligung hingeben, immer wieder der Vorwurf gemacht wird: „Ihr seid aber gesetzlich!" **Ich habe festgestellt, dass der Begriff „gesetzlich" generell bei den meisten, die sich Christen nennen, komplett falsch verstanden wird.** Wir wollen einmal untersuchen, worin der Unterschied zwischen einem gesetzlichen und einem heiligen Menschen besteht.

Der gesetzliche Mensch versucht das Gesetz zu halten, **um** gerettet zu werden. Der heilige Mensch hingegen hält Gottes Gesetz freiwillig und aus Überzeugung, **weil** er durch Jesus gerechtfertigt ist und begnadigt wurde, **weil** er Gott liebt, **weil** er in der Heiligung lebt und **weil** er felsenfest davon überzeugt ist, dass Gehorsam im Geringen sein Leben gelingen lässt.

Erkennst du den Unterschied? Der Gesetzliche ist nicht gerettet und versucht vergebens, durch seine Werke gerecht zu werden. Der Begnadigte dagegen glaubt daran, dass Jesus ihn gerettet hat und weil er gerettet *ist,* jagt er freiwillig und aus Überzeugung der Heiligung nach.

Diejenigen, die meinen, dass man es unter der Gnade mit der Sünde nicht so genau nehmen müsse, neigen auch dazu, einen nach Heiligkeit strebenden Menschen als „gesetzlich" einzustufen. Sie irren sich in beiden Punkten, denn Gott fordert einen jeden Menschen unter der Gnade dazu auf, nach der Heiligung zu jagen und die Wiederkunft Jesu durch die Heiligung anzustreben (vgl. Hebr. 12,14; 2. Petr. 3,11-14).

Manch einer wird sagen: „Aber in der Bibel steht ja, dass das Gesetz für Begnadete nicht mehr gilt!" Dabei werden oft folgende Bibelstellen zitiert:

> *„...hat er abgetan das Gesetz mit seinen Geboten und Satzungen." (Eph. 2,15)*

> *„Denn Christus ist das Ende des Gesetzes,..." (Röm. 10,4a)*

Diese Aussagen werden in dämonischen Irrlehren dahingehend gedeutet, dass für einen Begnadeten das moralische Gesetz Gottes keine Gültigkeit mehr besitzt. Das Interessante und Gefährliche an einer solchen Behauptung ist: Es stimmt ja, dass Christus das Ende des Gesetzes ist - aber die Frage ist: Welches Gesetz ist damit gemeint? Die Bibel spricht nämlich von unterschiedlichen Gesetzen und wer das nicht beachtet, lässt sich sehr schnell und einfach von Satan in die Irre führen. Hier eine kleine Liste der verschiedenen Gesetze:

Es gibt Naturgesetze.
Es gibt das moralische Gesetz (z.B. die 10 Gebote).
Es gibt das rituelle Gesetz (Opferungen usw.).
Es gibt das Gesetz der Sünde.
Es gibt das Gesetz des Glaubens.
Es gibt das Gesetz des Geistes.

Welches Gesetz und welche Satzungen sind jetzt durch das Werk am Kreuz aufgehoben worden? Natürlich ist hiermit das rituelle Gesetz gemeint. Wer denkt, dass er weiterhin Tiere für seine Sünden opfern muss, obwohl doch Jesus für uns geopfert wurde, der verkennt das Opfer Jesu und läuft Gefahr, aus der Gnade zu fallen. Unter den ersten Christen befanden sich hauptsächlich Juden, die in ihrem bisherigen Leben stets rituelle Opferungen vorgenommen hatten. Aber als sie zum Glauben gekommen waren, wurden diese überflüssig. Deshalb sagt Paulus ihnen:

„Ihr seid losgetrennt von Christus, die ihr durchs Gesetz gerecht werden wollt; ihr seid aus der Gnade gefallen!“ (Gal. 5,4)

Hier ist doch nicht die Rede vom moralischen Gesetz, dem Gesetz des Glaubens oder des Geistes! Sondern hier geht es um das rituelle Gesetz. Das moralische Gesetz ist zwar auch gemeint, aber nur in dem Zusammenhang, dass den Galatern vorgeworfen wird, durch dessen Einhaltung gerecht werden zu wollen. Da die ersten Gemeinden zu einem großen Teil aus Angehörigen des Volkes Israel bestanden und diese sich dazu verpflichtet sahen, das moralische sowie das rituelle Gesetz weiterhin einzuhalten, um gerettet zu werden, bemühte sich Paulus, ihnen klar zu machen, dass letzteres nicht mehr gilt. Denn Jesus ist ein für allemal unser Opferlamm geworden, weshalb wir durch unseren Glauben an Christus gerecht und begnadigt worden sind. Wir befolgen das moralische Gesetz nicht deshalb, um gerettet zu werden - denn gerettet werden wir durch den Glauben an Jesus Christus -, sondern wir halten uns daran, weil wir gerettet sind und Gott lieben. Das moralische Gesetz bleibt für immer und ewig gültig, weil Gott gerecht ist und das Gesetz ein Ausdruck Gottes heiligen und gerechten Wesens ist. Wer diese Zusammenhänge nicht beachtet, gerät ganz leicht auf einen Irrweg.

Im Zusammenhang mit dem rituellen und moralischen Gesetz gab es eine wichtige Satzung für den praktizierenden Juden, welche für den Begnadeten ebenfalls aufgehoben wurde, für Ungläubige aber weiterhin in Kraft bleibt:

> *„Denn alle, die aus Werken des Gesetzes sind, die sind unter dem Fluch; denn es steht geschrieben: Verflucht ist jeder, der nicht bleibt in allem, was im Buch des Gesetzes geschrieben steht, um es zu tun." (Gal. 3,10)*

Dieses Gesetz zeigte klar auf, was ein Mensch schon bei einer einzigen Gesetzesübertretung zu erwarten hat. Ein Verstoß reicht aus, um verflucht zu werden. Das heißt, dass wir bereits alle verflucht sind. Aber Gott sei Dank! Jesus hat diesen Fluch auf sich genommen.

> *„Christus hat uns losgekauft von dem Fluch des Gesetzes, indem er ein Fluch wurde um unsertwillen (denn es steht geschrieben: Verflucht ist jeder, der am Holz hängt)." (Gal. 3,13)*

Wir sind also durch den Tod Jesu vom Fluch dieses konkreten Urteils losgekauft. Das heißt: Weil Jesus am Kreuz bezahlt hat, müssen wir nicht mehr in der Hölle büßen - was aber nicht bedeutet, dass wir dann als Begnadigte das moralische Gesetz brechen dürfen, weder zukünftig im Himmel noch hier auf der Erde. Jesus hat die Strafe und Stellvertretung, die das Gesetz forderte, erduldet. Er hat aber nicht das moralische Gesetz fortan für nichtig erklärt - im Gegenteil!

„Ihr sollt nicht meinen, daß ich gekommen sei, um das Gesetz oder die Propheten aufzulösen. Ich bin nicht gekommen, um aufzulösen, sondern um zu erfüllen! Denn wahrlich, ich sage euch: Bis Himmel und Erde vergangen sind, wird nicht ein Buchstabe noch ein einziges Strichlein vom Gesetz vergehen, bis alles geschehen ist. Wer nun eines von diesen kleinsten Geboten auflöst und die Leute so lehrt, der wird der Kleinste genannt werden im Reich der Himmel; wer sie aber tut und lehrt, der wird groß genannt werden im Reich der Himmel." (Mt. 5,17-19a)

Johannes sagte:

„Denn das ist die Liebe zu Gott, daß wir seine Gebote halten; und seine Gebote sind nicht schwer." (1. Joh. 5,3)

„Glückselig sind, die seine Gebote tun, damit sie Anrecht haben an dem Baum des Lebens und durch die Tore in die Stadt eingehen können." (Offb. 22,14)

Deutlicher geht es nicht mehr! Ein Begnadigter zeichnet sich dadurch aus, dass er Gottes Wort hält und aus Überzeugung in Harmonie mit Gottes Willen lebt. Es ist eine dämonische Irrlehre, die uns einreden will, dass wir ruhig weitersündigen können, weil Gott ja gnädig ist. Gott hat vor Menschen mit solchen Tendenzen gewarnt:

„Es haben sich nämlich etliche Menschen unbemerkt eingeschlichen, die schon längst zu diesem Gericht aufgeschrieben worden sind, Gottlose, welche die Gnade unseres Gottes in Zügellosigkeit verkehren." (Jud. 1,4)

Wer mit der Haltung lebt: „Einmal ist keinmal" oder: „Ach, diese kleine Sünde wird nicht so schlimm sein...", der beweist damit, dass er keinen blassen Schimmer von Gottes Heiligkeit, Gerechtigkeit und Gnade hat.

Manche führen folgende Aussage ins Feld:

„... daß wir im neuen Wesen des Geistes dienen und nicht im alten Wesen des Buchstabens." (Röm. 7,6b)

Sie denken, weil ein Buchstabe etwas „Kleines" ist, müssen wir in der Heiligung nicht mehr so penibel sein, sondern können ruhig großzügig über die eine oder andere Sünde hinwegsehen. Aber lies doch das ganze Kapitel, in dem dieser Satz geschrieben steht! Da lesen wir klar und deutlich, dass das Gesetz geistlich, heilig, gerecht und gut ist. Was meint Paulus also mit der oben stehenden Aussage? Er möchte damit sagen, dass wir als Begnadete das Gesetz nicht nur als „Buchstaben" sehen und uns mit dem Einhalten des Gesetzes auf die 10 Gebote beschränken sollen, sondern es geht darum, dass wir Gott hinter all dem erkennen und in jeder Situation seine Heiligkeit verwirklichen. Gott erwartet viel mehr von einem „Kind Gottes", als dass es nur die 10 Gebote hält und seine Pflicht tut. Es geht ihm um unsere Liebe! Wir sollen das Gesetz nicht aus Pflichtgefühl halten, sondern freiwillig und aus der Überzeugung heraus, dass es heilig, geistlich, gerecht und gut ist. Wir sollen Gott im neuen Wesen des Geistes dienen. Paulus lehrt uns hier, dass Gott in jedem Begnadigten sein geistliches und heiliges Wesen wirken will. Das ist um einiges tief gehender und bedeutet viel mehr, als nur „geschriebene Gebote aus einer Pflicht heraus einzuhalten". Aber auf gar keinen Fall ist es belangloser, als nach geschriebenen Geboten zu handeln.

Irrlehrer behaupten, dass man diese Verse so zu verstehen hat, dass der gnädige Gott nicht so kleinlich ist. Aber das genaue Gegenteil ist der Fall! Gott hat uns klar durch einen Propheten ausrichten lassen, was der Heilige Geist im Menschen bewirken wird:

> *„...ja, ich will meinen Geist in euer Inneres legen und werde bewirken, daß ihr in meinen Satzungen wandelt und meine Rechtsbestimmungen befolgt und tut." (Hes. 36,27)*

Hier wird deutlich angekündigt, wohin ein Leben im Geist führen wird. Ich betone es noch mal: Der Gesetzliche hält die geschriebenen Gesetze, um gerettet zu werden. Der Begnadigte hingegen hält sie, weil er begnadigt worden ist und weil er bei der Bekehrung die Überzeugung gewonnen hat, dass es am Besten ist, in allem auf Gott zu hören. Der Gesetzliche empfindet das Halten der Gesetze als Pflicht und Zwang, der Begnadigte hält sie freiwillig und aus Überzeugung, weil er Gott liebt und mit ihm in Harmonie leben will. Der Begnadete tut in seiner Liebe mehr, als allein die 10 Gebote zu halten.

> *„...und was immer wir bitten, das empfangen wir von ihm, weil wir seine Gebote halten und tun, was vor ihm wohlgefällig ist." (1. Joh. 3,22)*

Johannes tut mehr, als nur die Gebote zu halten. Liebe will dem Geliebten in allem gefallen. Genauso verstand auch Paulus diesen Punkt:

> *„Im Vertrauen auf deinen Gehorsam schreibe ich dir; denn ich weiß, du wirst mehr tun, als ich sage." (Phil. 1,21)*

Liebe tut mehr als nur die Pflicht aus Gehorsam. Was ein Mensch normalerweise als Last empfindet, wird für einen „Verliebten" zur Freude und Ehre, wenn er es für den Geliebten tun darf. Wie können wir sagen, dass wir Gott, unseren Vater, lieben, wenn wir ihm nicht gefallen wollen?

> *„Denn das ist die Liebe zu Gott, daß wir seine Gebote halten; und seine Gebote sind nicht schwer." (1. Joh. 5,3)*

Was hat Gott davon, wenn wir aus Liebe zu ihm eine Kerze in der Kirche anzünden und danach weiterhin in Sünde leben wie zuvor? Oder wenn wir uns auf einem „Lobpreisgottesdienst" emotional berauschen und von „Liebe" schwärmen und danach weiterhin weltlich leben? Nichts gegen solche Menschen, die Gott von Herzen loben, aber ich denke, wir verstehen, um was es Gott zuerst geht. Deshalb sollten wir immer wieder unsere Herzenseinstellung überprüfen und sie - wenn nötig - ändern.

Was geschieht bei der Begnadigung?

In der christlichen Szene werden immer wieder drei Begriffe verwendet, die zentral das benennen, was im Moment der Begnadigung passiert. Es handelt sich um die Bezeichnungen „Geistestaufe", „Wiedergeburt" und „Bekehrung". Wir wollen uns nun auf der Grundlage der Bibel anschauen, was sich hinter diesen Begriffen tatsächlich verbirgt. Denn in christlichen Kreisen kursieren die abenteuerlichsten Vorstellungen über diese drei Dinge. Meistens neigen Menschen dazu, das Eine auf Kosten des Anderen überzubetonen. Dann redet man z.B. von der Bekehrung, ignoriert aber vielleicht die Geistestaufe - vermutlich aus dem Grund, weil viele eine falsche Lehre über Geistestaufe lehren und praktizieren. Aber Einseitigkeit unsererseits führt auch wieder zu einer falschen Lehre und Praxis. Deshalb ist es wichtig, dass wir die Gnade im Zusammenhang mit der Geistestaufe, Wiedergeburt und Bekehrung betrachten.

Geistestaufe

In der Heiligen Schrift wird dieses Wort nur in zwei Zusammenhängen direkt erwähnt: in Verbindung mit der Buße und im Hinblick auf die Mitgliedschaft und Einheit in der Gemeinde.

Zu ersterem äußerte sich Johannes der Täufer, als er sagte:

„Ich taufe euch mit Wasser zur Buße; der aber nach mir kommt, ist stärker als ich, so daß ich nicht würdig bin, ihm die Schuhe zu tragen; der wird euch mit Heiligem Geist und Feuer taufen." (Mt. 3,11)

Zu zweiterem schreibt Paulus:

„Denn wir sind durch einen Geist alle zu einem Leib getauft, wir seien Juden oder Griechen, Sklaven oder Freie, und sind alle mit einem Geist getränkt." (1. Kor. 1,13)

Wir wollen mit der ersten Bibelstelle beginnen: Johannes, der mit Wasser taufte, kündigte Jesus an, der mit dem Heiligen Geist taufen würde. Wir haben vorhin bereits herausgearbeitet, *warum* Jesus sich taufen ließ. Als unschuldiges Lamm Gottes nahm er die Schuld der Welt im Wasser (symbolisch) auf sich und trug sie bis ans Kreuz. Die tatsächliche Reinigung von unseren Sünden fand ja nicht im Wasser, sondern am Kreuz statt und wir müssen uns bewusst machen, dass Jesus gleichzeitig von seinem Leiden und Sterben sprach, wenn er von „Taufe" redete.

„Könnt ihr den Kelch trinken, den ich trinke, und getauft werden mit der Taufe, womit ich getauft werde?" (Mt. 20,22)

Wir begrenzen den Taufbegriff heute meistens auf das Geschehen im Wasser oder vergeistlichen die Taufe. Aber Jesus sah das komplett anders. Er hatte ein viel weiteres Verständnis von dem Begriff als wir. Bei der Taufe geht es in erster Linie um das vollbrachte Werk am Kreuz. Im Taufwasser nahm Jesus die Schuld der Welt auf sich und trug sie ans Kreuz - aber erst am Kreuz wurde die „Taufe“ vollbracht. Am Kreuz vollzog Jesus die Reinigung von unseren Sünden. Nun muss das Heil in dem einzelnen Menschen verwirklicht werden - und das geschieht mit der Geistestaufe. Erst wenn diese vollzogen wurde, ist die „Taufe“ am Kreuz vollendet. Nur wenn ein Mensch dem Evangelium gehorsam ist und aufrichtig Buße tut, wird Gott ihn begnadigen und mit dem Heiligen Geist taufen.

Merke dir: In der Wassertaufe nahm Jesus die Schuld der Welt auf sich, in der Taufe am Kreuz wurde das Heil vollbracht und durch die Geistestaufe wird das vollbrachte Heil im Menschen verwirklicht. Der Geistgetaufte weiß dann: „Gott hat mir meine Sünden vergeben, mich begnadigt und angenommen. Mein Gewissen ist rein, weil der Heilige Geist das vollbrachte Werk am Kreuz im Menschen verwirklicht hat.“

Damit beinhaltet die Geistestaufe die persönliche Begnadigung und tatsächliche Vergebung meiner Sünden und darf nicht mit dem „Wissen über biblische Wahrheiten des Kreuzes“ verwechselt werden. Es geht hier um eine persönliche Erfahrung und Begegnung mit Jesus Christus. Ich erinnere mich an meine Geistestaufe, als ob es gestern gewesen wäre. Ich kenne viele biblische Wahrheiten schon von klein auf, aber bei einer Verkündigungsveranstaltung erkannte ich in Jesu Leiden und Sterben die Liebe Gottes zu mir. Ich wusste, dass Jesus dort am Kreuz für meine Sünden stellvertretend gelitten hat und mir wurde in aller Deutlichkeit bewusst, dass ich ohne Vergebung der Sünden der Hölle geweiht bin. Aber gleichzeitig spürte ich auf eine noch nie dagewesenen Art und Weise Gottes Liebe am Kreuz zu mir. Ich wollte umkehren und tat es auch. Als ich Jesus bewusst für die Vergebung meiner Sünden dankte und ihn als Geist in meinem Leben aufnahm, da erlebte ich die Geistestaufe. Ich wurde durchströmt von Gottes Liebe und Reinheit und dabei wurde meine ganze Sündenlast weggespült. Anschließend fühlte ich mich um 50 kg leichter und absolut frei, rein und selig. Ich hatte Jesus in mein Leben aufgenommen und er ist im Geist darin eingezogen, um fortan mein Herr zu sein. Ich übertreibe nicht, wenn ich sage: Das war das Wahrhaftigste, was ich je erlebt habe! Alles andere, was sich zuvor und auch danach in meinem Leben ereignet hat, könnte man so oder so deuten, aber hieran gibt es nichts zu deuteln. Ich weiß es! Gott hat mich angenommen und mit seinem Geist getauft.

Bei der Geistestaufe erhalten wir eine geistgewirkte Überzeugung, die durch keine theologischen Gedankenspielereien ersetzt werden kann:

„Der Geist (Gottes) gibt Zeugnis unserem Geist, dass wir Gottes Kinder sind.“ (Röm. 8,16)

Gottes Geist will in unserem Geist überzeugend wirken. Der Prophet Sacharja schreibt, dass Gott den Geist der Gnade ausgießen wird (Sach. 12,10) und genau das geschieht bei der Geistestaufe. Deshalb können wir sagen: „Der Geist Gottes gibt unserem Geist Zeugnis, dass wir begnadet und Gottes Kinder sind.“ Diese Begnadigung muss ein Mensch persönlich erfahren, so wie der Verbrecher im Gefängnis die persönliche Begnadigung erleben muss und es ihm nicht genügt, sich mit Theorien über Gnade zufrieden zu geben.

Wenn wir nun wissen, was die Geistestaufe ist, dann verstehen wir auch ihre zweite zentrale Bedeutung im Hinblick auf die Mitgliedschaft und Einheit der Gemeinde Gottes.

„Denn wir sind durch einen Geist alle zu einem Leib getauft, wir seien Juden oder Griechen, Sklaven oder Freie, und sind alle mit einem Geist getränkt.“ (1. Kor. 12,13)

Gottes Ziel ist nicht (nur) deine individuelle Geistestaufe als persönliche Erfahrung, sondern er möchte eine geistliche Gemeinde, ein Volk, das in Liebe zu Gott und den Geschwistern zusammensteht und das Kommen Jesu in Einheit, Liebe und Heiligung erwartet. Die Gemeinde des heiligen Gottes zeichnet sich nicht primär durch Aktivismus aus, sondern darin, dass man sich gegenseitig in Liebe bei der Heiligung des Lebens unterstützt. Die heilige Gemeinde ist kein weltlicher Verein. Weltliche Organisationen verbindet immer etwas Diesseitiges, wie z.B. eine Nationalität, ein Hobby, eine Musikrichtung, ein Kleidungsstil, ein Beruf usw. Die Gemeinde Gottes dagegen bildet eine Einheit des gegenwärtigen Herrn Jesus im Geist, eine Gemeinschaft unter dem Einfluss des Geistes. Diese geistliche Verbindung erfordert gleichzeitig eine verwirklichte Verbindlichkeit im praktischen Lebensvollzug. Diese Thematik soll in diesem Buch nicht weiter vertieft werden. Aber etwas muss einem jeden Menschen bewusst gemacht werden: Es gibt kein isoliertes Christendasein, sondern die Geistestaufe zieht die Gemeinschaft der lokalen und globalen Gläubigen mit allen Vorrechten und Pflichten, mit allen Annehmlichkeiten und Herausforderungen nach sich, die ein heiliges Leben mit sich bringt! Ein begnadeter Straftäter soll wieder in die Gesellschaft eingegliedert werden. Darin muss er sich bewähren. Wenn Gott uns begnadigt, dann will er uns in seine Gemeinde integrieren. Das wird immer für alle Beteiligten eine Herausforderung bedeuten, aber keine, die unlösbar wäre. Gott hat uns als Beziehungswesen geschaffen und die Sünde hat unsere Beziehungsfähigkeit auf sehr unterschiedliche Art und Weise zerstört. Das will Gott ändern. Gott möchte, dass wir wieder gesunde Beziehungen pflegen: zu ihm, zu uns selber, zu unseren Glaubensgeschwistern, zu unseren Mitmenschen und zu der Schöpfung. Hier sehen wir, wie wichtig es ist, dass wir uns heiligen lassen und die Früchte des Geistes in uns heranreifen.

Nun wollen wir uns mit dem zweiten Begriff beschäftigen: Der Wiedergeburt.

Wiedergeburt

> *Jesus sagt: Wenn jemand nicht von neuem geboren wird, so kann er das Reich Gottes nicht sehen!" (Joh. 3,3-4)*

Ich sage es gleich vorneweg: Die Wiedergeburt und die Geistestaufe sind ein und dasselbe Ereignis. Die Geistestaufe ist das, was Gott in uns bewirkt - und die Wiedergeburt das, was währenddessen geschieht. Durch die Geistestaufe beginnt ein neues Leben im Geist.

Eines Nachts bekam Jesus Besuch von einem religiösen Führer des Volkes. Das ereignete sich in den Tagen, als Johannes der Täufer die Menschen zur Buße und Taufe aufrief, Jesus im Wasser getauft wurde und der Täufer ankündigte, dass Jesus mit dem Geist taufen würde. Jesus erklärte nun dem Führer ohne Umschweife, dass dieser von neuem geboren werden müsse. Andernfalls könne er das Reich Gottes weder sehen noch hineinkommen (Joh. 3,3.5).

Jesus sagt: „von neuem geboren". Man kann diesen Ausdruck auch mit „von oben geboren" übersetzen. Jesus wird im Laufe des Gesprächs ausführlicher und erläutert dann: „aus Wasser und Geist geboren" (Joh. 3,5).

Wir wollen die Aussagen Jesu um das ergänzen, was Petrus schreibt:

„...denn ihr seid wiedergeboren nicht aus vergänglichem, sondern aus unvergänglichem Samen, durch das lebendige Wort Gottes,...“ (1. Petr. 1,23)

Hier sehen wir, dass die Wiedergeburt durch das lebendige Wort Gottes geschieht. Die Parallele zwischen dem Wort Gottes und dem Samen kann folgendermaßen gezogen werden: Wenn ein Same von der Eizelle empfangen wird, entsteht neues Leben - oder wenn ein Same vom guten Boden aufgenommen wird, dann wird neues Leben hervorgerufen. Bei der Wiedergeburt wird nun der Same mit dem Wort Gottes verglichen. Das neue geistliche Leben im Menschen beginnt, wenn das Evangelium von Gott „empfangen“ wird. Das Empfangen ist der Glaube. Wenn der Mensch also dem Worte Gottes glaubt, wird er von neuem geboren, sprich, es beginnt ein neues Leben mit Gott. Jesus sagte:

„Was aus dem Fleische geboren ist, das ist Fleisch, und was aus dem Geiste geboren ist, das ist Geist.“ (Joh. 3,6)

Was meint er damit? Es ist so: Durch die körperliche Geburt wurde der Mensch für seine Eltern und seine Umwelt lebendig. Durch die Wiedergeburt wird der Mensch zusätzlich lebendig für Gott und die geistliche Welt - und durch den Geist wird er ein lebendiger Teil von ihr und wächst dort hinein. Durch die Wiedergeburt beginnt damit ein neues geistliches Leben. Aber wir dürfen den Heiligen Geist nicht vom Wort Gottes trennen. „Wort" und „Geist" verhalten sich zueinander wie ein Zweikomponentenkleber. Jesus sagt:

> *„Die Worte, die ich euch sage, sind Geist und sind Leben." (Joh. 6,63b)*

Ich wollte einmal als Kind ein Modellschiff zusammenbauen und staunte nicht schlecht, dass der Kleber, den man dazu verwendete, besonderer Art war. Man musste ihn nämlich aus zwei verschiedenen Tuben zusammenmischen. Was da aus einer Tube alleine herauskam, klebte nicht. Aber wenn sich beide Komponenten miteinander verbanden, hielt das bombenfest. Ich bekam das Zeug gar nicht mehr von den Fingern! So ist das mit dem Wort und dem Geist - das eine wirkt ohne das andere nicht. Wer nur den Geist erleben will und das Wort Gottes vernachlässigt, der wird anfällig für Illusionen, Schwärmereien und „wohlklingende, einleuchtende Irrlehren". Wer nur das Wort annimmt und nicht begreift, dass es Worte des heiligen und lebendigen Gottes sind, die da gesprochen werden, und das im Alltag nicht uneingeschränkt glaubt, der wird die Kraft des Geistes auch nicht erleben. Der Heilige Geist wirkt nur dann ein geistliches Leben durch das Wort, wenn wir es glauben.

> *„Und darum danken wir auch Gott ohne Unterlaß dafür, daß ihr das Wort der göttlichen*

Predigt, das ihr von uns empfangen habt, nicht als Menschenwort aufgenommen habt, sondern als das, was es in Wahrheit ist, als Gottes Wort, das in euch wirkt, die ihr glaubt." (1. Thess. 2,13).

Geistestaufe und Wiedergeburt beschreiben ein und dasselbe Ereignis. Doch jeder Begriff hebt eine Besonderheit hervor: Geistestaufe ist das, was Gott in uns bewirkt und Wiedergeburt das, was passiert, *wenn* **Gott es bewirkt: Ein neues Leben beginnt.**

Es ist wirklich so, wie Jesus es sagte: Wenn wir von neuem geboren sind, dann können wir das Reich Gottes „sehen"! Wir leben ein neues Leben, mit einer neuen „Sicht" der Dinge.

Es gibt einen himmelhohen Unterschied zwischen dem bloßen **Wissen** über biblische Tatsachen und einer **geistgewirkten Überzeugung** durch den Glauben an das Wort.

Seit dem Tag meiner Geistestaufe sehe ich alles in einem neuen Licht. Ich erinnere mich, wie ich einen Tag danach zur Schule ging. Bis dahin war das für mich ein trostloser Gang gewesen. Doch ich weiß noch wie heute, dass ich - während ich den Schulweg entlangtrottete - die ganze Angelegenheit plötzlich mit anderen Augen sah. Ich wusste, dass Gott mich angenommen und einen guten Plan für mein Leben hatte. Ich hatte jetzt ein Bewusstsein und eine Wahrnehmung dafür, dass Gott sein Reich in dieser armseligen Welt ausbreitet und dass er darin einen Platz und eine sinnvolle Aufgabe für mich vorgesehen hat. Mein Glaubensleben hatte begonnen.

Vielleicht fragst du: „Was muss ich tun, damit ich vom Geist getauft und begnadigt werde? Was muss ich tun, damit ich von neuem geboren werde?“ Gottes Wort zeigt es dir und damit kommen wir zum dritten Begriff: Bekehrung.

BEKEHRUNG

Bekehrung ist das, was *du* tun musst, die Geistestaufe das, was *Gott* tut und die Wiedergeburt das, was geschieht, *während* du dich bekehrst und Gott dich mit dem Geist tauft.

Warum sendet Gott Prediger des wahren Evangeliums aus?

> *„...damit sie sich bekehren von der Finsternis zum Licht und von der Herrschaft des Satans zu Gott, damit sie Vergebung der Sünden empfangen und ein Erbteil unter denen, die durch den Glauben an mich geheiligt sind!"* (Apg. 26,18-19)

Gott ruft allen Menschen zu, dass sie sich bekehren sollen - und zwar weg von Satan und hin zu Gott, weg von der Sünde und hin zur Heiligung. Eine echte Bekehrung aus freiwilliger Überzeugung erlebt im gleichen Moment die Geistestaufe und beides zusammen ergibt dann die Wiedergeburt.

Die **Wortbedeutungen** des hebräischen Wortes *schub* und des griechischen Wortes *ephistrein* lauten: **abkehren, umkehren, zurückkehren, wiederherstellen**. Interessant, oder? Gott will die ebenbildliche Beziehung zwischen sich und uns wiederherstellen. Wir sollen uns von Satan und der Sünde abwenden und zu der vollen Orientierung an Gott zurückkehren.

Ein weiteres Wort im Neuen Testament, welches oft für die Bekehrung gebraucht wird, ist *metanoeo* und bedeutet: **Buße tun, sich etwas leid tun lassen**. Wer wirklich seine Sünden im Angesicht des Heiligen Gottes erkennt, der leidet innerlich! Wenn jemand begreift, dass er auf dem direkten Weg in die Verdammnis ist, dann kann es ihm emotional nicht gut gehen. Wenn einer der Tatsache glaubt, dass Jesus stellvertretend am Kreuz für seine Sünden gelitten hat, dann schmerzt sein Herz. Gottes Geist bringt Menschen durch sein Wort in Sündennot, damit sie das Heil suchen. Erinnere dich an die Menschen in Ninive - sie gerieten in Sündennot.

Von einigen Evangelisationen wird berichtet, dass die Zuhörer sich an die Pfosten im Raum klammerten, weil sie Angst hatten, direkt in die Hölle fahren zu müssen, während sie um Gnade riefen. Das ist bei einer echten Verkündigung des Evangeliums auch zu erwarten. Eine echte Bekehrung ist immer mit etwas Emotionalität verbunden. Gott hat uns nämlich so geschaffen, dass unsere Emotionen unserem Glauben folgen. Wenn mir jemand einen Koffer mit einer Million Euro verspricht, dann juckt mich das nicht, weil ich diese Information einfach zur Kenntnis nehme, ohne es der Person tatsächlich abzukaufen. Wenn sie mir aber den Koffer in die Hand drücken und aufmachen, ich das Geld sehen und langsam aber sicher der Tatsache glauben würde, dass sie es ernst meint, dann solltet ihr meine Emotionen sehen! Hieran wird deutlich: Eine Information zur Kenntnis zu nehmen ist etwas anderes, als ihr zu glauben - und die meisten Menschen in der christlichen Szene glauben die biblischen Wahrheiten nicht. Doch wenn einer begreift, dass Jesus tatsächlich für ihn persönlich gelitten hat, dann ist das heftig! Ein Mensch, der nicht an diesen Punkt kommt, dass es ihm „leid" tut, wie er gelebt hat, der wird auch nicht von Herzen Buße tun. Bekehrung heißt, dass wir von Herzen zu Gott umkehren und Gnade suchen, um ein neues Leben mit ihm zu beginnen.

Bekehrung ist aber auch ein Durchbruch zur Freude. Wie herrlich ist der Moment, wenn Gott die aufrichtige Bitte um Gnade erhört und den Geist der Gnade sendet! Da weicht die berechtigte Angst vor der Hölle und die himmlische Freude, Liebe und Friede kehrt in die Seele ein.

Bekehrung bedeutet etwas ganz anderes, als das biblische Evangelium nur zu kennen. Ich bin mit dem Evangelium von klein auf vertraut gewesen und hatte nie etwas dagegen, aber ich war nicht bekehrt. Bei einer echten Evangelisation ging mir dann aber ein Licht auf, nämlich, dass ich mit meinem ganzen Bibelwissen verloren gehe, wenn ich nicht augenblicklich umkehre und Jesus zu meinem Herrn und Heiland mache - und ich erlebte Gottes Verheißungen, wie sie im Buche stehen, ohne dass ich das damals wusste. In großer Sündennot betete ich zu Gott. Und die Tatsache meiner augenblicklichen Begnadigung erfüllte mich mit Gottes Geist und seiner Liebe, Freude und seinem Frieden.

Die **Wortwurzel** von *metanoeo* (Buße tun, leid tun) lautet **umdenken, sich besinnen**. Das zeigt: Die Bekehrung erfordert zuvor, dass ich über meine Situation nachdenke. Bei der Bekehrung geht es um eine freiwillige Entscheidung aus der **richtigen Überzeugung** heraus. Und diese richtige Überzeugung gewinnen wir nur durch den Glauben an Gottes Wort im Evangelium. Wir sollen uns für Gott und gegen Satan entscheiden; für die Wahrheit Gottes und gegen die Lügen Satans; für Gottes Gerechtigkeit und gegen Satans Selbstgerechtigkeit und Ungerechtigkeit; für das Licht und gegen die Finsternis; für das Leben in der Gemeinde und gegen das Leben nach den Maßstäben, Werten, Prioritäten und Zielen der Welt; für Gehorsam und gegen Ungehorsam. Es geht immer um eine 180-Grad-Drehung von einem Pol zum anderen. Dazu gehört, sich beide Seiten bewusst zu machen und sich dann freiwillig und aus Überzeugung von der einen ab- und der anderen zuzuwenden. Deshalb ist es so wichtig, dass diese biblischen Informationen gelehrt werden! Aber wie sollen wir über etwas nachdenken und eine richtige Überzeugung gewinnen, wenn man keine richtigen oder nur einseitige Informationen an uns weitergibt? Paulus sagte bereits, dass der Glaube aus der Predigt kommt. Und der Verkündigungsauftrag des Paulus war klar definiert, wie wir im oberen Bibelvers sehen können: weg von Satan und hin zu Gott.

Die Mehrheit derer, die sich Christen nennen, wollen Satan nicht wahrhaben. Wie kann man aber an Gott glauben, ohne an Satan glauben zu wollen? Wie kann man behaupten, dass man Gott erlebt, wenn man Satans Versuchungen nicht bewusst wahrnimmt? Wie kann man sich einbilden, Gott nahe zu sein, wenn man sich nicht von Satan weg zu Gott hin bewegt?

> *„So unterwerft euch nun Gott! Widersteht dem Teufel, so flieht er von euch; naht euch zu Gott, so naht er sich zu euch!" (Jak. 4,7-8a)*

Wie kann jemand behaupten, in der Heiligung zu leben, wenn er das Brüllen Satans in seinem Leben nicht bemerkt?

> *„Seid nüchtern und wacht! Denn euer Widersacher, der Teufel, geht umher wie ein brüllender Löwe und sucht, wen er verschlingen kann." (1. Petr. 5,8)*

Niemand wird Satan wahrnehmen, wenn er ihn nicht wahrhaben und an seine Vorgehensweise glauben will. Dann wird der Glaube an Gott und seine Wahrheit und ein Leben im Geist mit einer „intellektuellen Zustimmung" zu einigen Wahrheiten über Gott verwechselt. Wie kann man behaupten, Gott zu erleben, wenn man Satans

Verführungen und die Macht der Sünde anscheinend nicht erlebt? Das beweist doch nur wieder, dass man an seinen eigenen religiösen Illusionen festhält und ihnen den Namen „Gott“ gibt - und damit kann man in den derzeitigen Gemeinden gut leben. Aber es gibt kein Leben mit Gott, wenn wir uns nicht von Satan abwenden und Gott zuwenden.

In Epheser 2,1-3 steht, dass Satan grundsätzlich alle Menschen beeinflusst und beherrscht, die „tot in Sünden“ sind. Verwechsle „geistig“ nicht mit „geistlich“! Ein geistlich toter Mensch kann hochintelligent sein, aber er ist tot für Gott wie ein Blinder für Farben. Er nimmt Gott nicht wahr, was sich daran beweist, dass er Satan nicht wahrnimmt.

Die meisten Menschen haben ein Problem damit, dass Satan eine Person sein soll. Aber dann müssten sie gleichzeitig auch ein Problem mit Gott haben, denn auch er ist eine Person. Manche fragen mich, warum man Gott oder Satan nicht sehen kann, wenn sie Personen sind? Die Antwort ist einfach: Es gibt einen Unterschied zwischen der Persönlichkeit und dem Körper. Wenn ich z.B. einen Motorradunfall hätte und man mir beide Beine amputieren würde, wäre ich immer noch die gleiche Person, auch wenn mir ein Teil des Körpers fehlt. Wenn ich bei dem Motorradunfall draufginge, würde mein Körper im Grab verfaulen, aber damit könnte ich persönlich gut leben

- denn ich komme in den Himmel! Wir haben einen Körper und eine Persönlichkeit und unsere Persönlichkeit ist zeit unseres Lebens auf unseren Körper beschränkt. Dasselbe gilt für unseren Geist, solange wir hier auf der Erde leben. Aber Gott hat nicht nur einen Geist wie wir, sondern er *ist* Geist! Gott ist nicht auf einen Körper begrenzt, sondern er ist allgegenwärtig. Auch Satan ist ein Geistwesen und kann deshalb nicht auf einen Körper reduziert werden. Aber jeder ist in der Lage, ihn wahrzunehmen, denn er versucht uns ständig zu beeinflussen. „Tu dies, lass jenes, das ist nicht so schlimm, das macht doch jeder, das musst du auch haben,...!" Unsere Persönlichkeit steht voll und ganz in seinem Bann.

Durch das Evangelium tritt Gottes Geist an uns geistlich Tote heran und zeigt uns unsere Verlorenheit auf. Es bietet uns Gottes Gnade und ein neues Leben im Geist mit ihm an. Wenn der geistlich tote Mensch dem Evangelium glaubt, sich von Satan abwendet und zu Gott umkehrt, dann wird er durch den Geist Gottes getauft und sein eigener, toter Geist wird von neuem geboren. Dann erleben wir, was Paulus mit den Worten meint:

> *„Der Geist (Gottes) gibt Zeugnis unserem Geist, dass wir Gottes Kinder sind." (Röm. 8,16)*

Dieser Sachverhalt wird eindeutig dargestellt: Wenn Gott uns gnädig ist und uns annimmt, dann erleben wir das auf belebende und überwältigende Art und Weise. Dann wird der Geist der Gnade über uns ausgegossen, so wie Gott es verheißen hat. Aber ohne entschiedene Abkehr von Satan und der Sünde und der freiwilligen Überzeugung, fortan im Willen Gottes leben zu wollen, wird nichts daraus. Denn auch im weiteren Verlauf unseres Lebens müssen wir wachsam sein, damit wir in der Heiligung bleiben und nicht in Sünden fallen. Satan wird es immer wieder zu erreichen suchen und deshalb müssen wir lernen, standhaft und heilig zu bleiben - so wie Jesus. Genau darin sollten wir Jesus zuerst ähnlich werden: Die Sünde zu lassen und in Harmonie mit Gottes heiligem Willen zu leben.

Es gibt keine Gnade für Menschen, die nicht die Vergebung der Sünden erflehen und in der Heiligung leben wollen. Aber Gott ist bereit, uns zu begnadigen, weil Jesus für unsere Sünden gelitten hat:

> *„Aber über das Haus David und über die Einwohner von Jerusalem will ich den Geist der Gnade und des Gebets ausgießen, und sie werden auf mich sehen, den sie durchstochen haben,...“ (Sach. 12,10a)*

Hier geht es nicht nur darum, dass ich mit meinem Intellekt einer wahren Theologie über die Gnade zustimme, sondern darum, dass ich aufrichtig umkehre. Was dann geschieht, ist eine geistliche Realität, Wahrnehmung und Erfahrung, die durch nichts zu ersetzen ist. Gott sendet den Geist der Gnade und der Begnadete hält die autorisierte Begnadigung des Gouverneurs in der Hand.

> *„... als ihr gläubig wurdet, versiegelt worden mit dem Heiligen Geist der Verheißung, der das Unterpfand unseres Erbes ist..." (Eph. 1,13b-14)*

Der Begnadigte erhält das „Zeugnis des Geistes", das „Unterpfand des Geistes" und weiß damit: Ich bin frei gesprochen!

Der Heilige Geist wurde als „Geist der Gnade" angekündigt. Der Moment der Begnadigung ist der Moment, wo Gott den Geist der Gnade in einen Menschen ausgießt. Damit ist die Vergebung der Sünden in einem Menschen geschehen und die persönliche Beziehung zu Gott wiederhergestellt. Der Mensch betet zu Gott um Gnade und Gott antwortet ihm mit dem Heiligen Geist der Gnade. Diese persönliche Glaubenserfahrung ist durch nichts zu ersetzen. Vielmehr ist sie der Anfang einer echten Beziehung zu Gott, denn der Geist der Gnade ist gleichzeitig der Geist des Gebets. Jetzt erst haben wir eine geistliche Beziehung zu Gott, in der wir auf der Grundlage beten, die Gott gefällt.

An dieser Stelle ist jedoch Vorsicht geboten: So wichtig die Begnadigung auch ist - so bedeutsam die Geistestaufe, Wiedergeburt und Bekehrung auch sind - das alles hat keinen Wert, wenn es nicht zur bewussten Heiligung kommt. Ich möchte das mit einem Streichholz vergleichen: Wer ein Streichholz anzündet, will es dadurch in Brand stecken, um es zu nutzen. Das Entzünden des Schwefels allein erzeugt eine Stichflamme, aber wenn das Holz nicht gleichzeitig Feuer fängt, sondern gleich danach erlischt, war alles umsonst. So ist das auch mit der Begnadigung. Das Zündholz kann mit der Heiligung verglichen werden und die Begnadigung zu Beginn mit dem Schwefel. Durch die Begnadigung will Gott uns für die Heiligung „in Brand stecken".

> *„Im Eifer laßt nicht nach, seid brennend im Geist, dient dem Herrn!" (Röm. 12,11)*

Seid brennend im Geist! Gottes Geist setzt uns für ein heiliges Leben im Geist in Brand. So wie ein Streichholz entzündet wird, um wiederum etwas anderes anzufachen, so sollen wir mit unserem heiligen Leben ein ansteckendes Licht für diese Weltfinsternis sein, damit noch viele aus ihren religiösen Verirrungen aufwachen und zu einem echten, heiligen Leben mit Gott finden.

Wer hat nicht schon mal erlebt, dass ein Streichholz einfach nicht angehen will? Oder dass es nach einer kurzen Stichflamme wieder erlischt? So ist das auch mit vielen Menschen. Sonntag für Sonntag reiben sie sich an der Reibefläche des Evangeliums, ohne wirklich zum Glauben und zur

Buße zu kommen; andere lassen sich bei einer Evangelisation kurz begeistern, fallen aber wieder ab; wieder andere sind Sonntag für Sonntag zusammen wie die Streichhölzer in der Streichholzschachtel und singen schöne Lieder über das Feuer und die Wärme. Aber keiner reibt sich an der Reibefläche der Herausforderungen Gottes und deshalb bleiben sie kalt. Unzähligen geht es so! Aber Gott will, dass wir ein feuriges Leben in der Heiligung führen und damit beweisen, dass wir wirklich in den Himmel kommen möchten. Wer wirklich mit Gott lebt, der kann gar nicht anders, als in der Heiligung voranzuschreiten! Wer das nicht tut, der macht sich und allen anderen etwas vor. Und das tun wir „Christen" gerne.

Viele meinen doch tatsächlich, dass jemand schon bekehrt sei, wenn man ihn dazu bewegen könne, ein „Übergabegebet" nachzubeten - egal, was er sonst glaubt. Viele denken, dass, wenn einer einfach nur den Namen Jesu bekennt, gerettet sei. Das kann, muss aber nicht so sein! Außerdem sind viele der Ansicht, dass sie erst geistgetauft seien, wenn sie die Gabe der Zungenrede haben. Aber das steht nicht in der Bibel! Wir lesen zwar, dass manche die Gabe der Zungenrede bei der Geistestaufe bekamen, aber bei anderen wird das nicht erwähnt. Diese erhielten dafür vielleicht eine andere Gabe. Ich z.B. bekam die Gabe der Evangelisation und nicht die Gabe der Zungenrede. Da ich hier zu keinem Ende kommen würde, kehre ich zum Thema zurück:

Die Begnadigung führt direkt zur Heiligung!

Was bedeutet „heilig" überhaupt?

„Heilig" ist zuerst Gott und gemeint ist damit sein heiliges Wesen, also seine absolute Gerechtigkeit, unerschöpfliche Liebe und sein freier und guter Wille. Diese drei Eigenschaften stehen in einer perfekten Harmonie zueinander.

Wir lesen aber auch, dass Gott Pfannen und Töpfe heiligte, um sie für den Tempeldienst einzusetzen. Was ist damit gemeint? Hier hat „heilig" die Bedeutung von „absondern". Die „geheiligten" Pfannen wurden „von Gott für den Dienst vor ihm abgesondert". Wenn also eine Pfanne geheiligt war, dann durfte sie nicht mehr zum Braten von Eiern verwendet werden, sondern ausschließlich für den rituellen Gottesdienst.

In der Bibel steht aber auch, dass Gott Menschen heiligt. In dem Fall hat das Wort „heilig" eine noch tiefere Bedeutung. Dann bedeutet es nicht mehr nur „abgesondert von Gott für Gott", sondern „abgesondert von Gott für Gott zu sein, um wie Gott zu werden!" Gott will sein heiliges Wesen in uns und durch uns verwirklichen und verkörpern.

Gott möchte uns heiligen. Das heißt, dass er uns von der Herrschaft Satans abspaltet, damit wir vor ihm und mit ihm leben. Gott sondert uns von einem Leben in der Sünde ab, damit wir durch ihn heilig leben. Und Gott trennt uns von der Strafe in der Hölle ab, damit wir mit ihm im Himmel leben können.

Heilig durch das Blut

Gott will, dass wir eine heilige Stellung und eine heilige Einstellung bekommen sowie einen heiligen Zustand erreichen. Letzteres meint nicht ein „optimales Niveau", auf dem man nicht mehr sündigen kann, sondern es geht um unser Leben im Bewusstsein des lebendigen Gottes und des gegenwärtigen Christus im Geist. Es geht um unsere heilige Haltung und unser heiliges Verhalten **von Situation zu Situation**. Wir werden unser ganzes Leben lang sündigen können, weil Satan uns immer versuchen wird - und gerade deshalb müssen wir in jeder Lebenslage wachsam sein und in Christus bleiben, damit wir unsere heilige Einstellung nicht verlieren und in Harmonie mit Gottes Willen bleiben. Es gibt auf dieser Welt kein heiliges Stadium, in dem man nicht mehr angefochten wird, Fehler machen oder wieder in Sünde fallen könnte. Heiligung ist kein Selbstläufer - im Gegenteil! Schau, wie Jesus im Garten betete, als er in Versuchung geriet, nicht mehr in Harmonie mit Gottes Willen zu bleiben! Selbst *sein* heiliges Leben resultierte erst aus einer innigen Beziehung zu Gott.

Wie gesagt: Wir unterscheiden zwischen einer heiligen Stellung, einer heiligen Einstellung und einem heiligen Verhalten.

Wie heiligt Gott uns nun? Die Antwort ist einfach: nicht durch unsere Werke, sondern durch das Opfer Jesu bzw. durch sein vergossenes Blut.

> *„Jetzt aber in Christus Jesus seid ihr, die ihr einst Ferne wart, Nahe geworden durch das Blut Christi." (Eph. 2,13)*

> *„Aufgrund dieses Willens sind wir geheiligt durch die Opferung des Leibes Jesu Christi, und zwar ein für allemal." (Hebr. 10,10)*

Wir werden geheiligt, wenn wir dem Evangelium glauben. Was bedeutet das in Bezug auf unsere **Einstellung**?

Das biblische Evangelium enthält ein gewaltiges Potential, durch das der größte Sünder sofort seine Einstellung ändern kann - wenn er das Evangelium nur glaubt. Gott heiligt die Einstellung des Sünders durch die Verkündigung des Evangeliums - und dessen Glauben daran.

Was bedeutet das in Bezug auf unsere **Stellung** vor Gott?

Wenn der Sünder seine Einstellung ändert (heiligt) und umkehrt, dann nimmt Gott ihn aufgrund des stellvertretenden Opfers an. Dadurch erhält der Sünder eine neue, heilige Stellung vor Gott.

Und was bedeutet das in Bezug auf unseren **Zustand?**

Der Sünder darf zu Gott in dem Zustand kommen, wie er ist, weil das Blut für ihn gilt. Aber sein Kommen setzt ja voraus, dass er seine Einstellung geändert hat. Wenn der Mensch nun wirklich vor Gott steht und den unbedingten Wunsch hat, ihm gehorsam zu sein, dann wird sich nach und nach in der Heiligung sein Zustand ändern.

Es ist eine absolute Irrlehre, dass Gott nur auf das Blut sieht und damit blind für unsere Einstellung und gleichgültig unserem Zustand gegenüber ist. Wir dürfen nicht eine Wahrheit auf Kosten einer anderen überbetonen. Wir sehen hier deutlich, dass das Blut Jesu, also das verkündigte Evangelium, das Potential hat, unsere Einstellung, unsere Stellung und unseren Zustand zu heiligen. Das zeigt, dass Gott gleichermaßen an allen drei Aspekten interessiert ist.

Ich denke nicht, dass irgendjemand, der je von Gott begnadigt wurde, bei seiner Bekehrung ahnte, wie tief und umfassend die Heiligung ist. Wenn ich also schreibe, dass wir bei der Bekehrung die Absicht haben müssen, heilig zu leben, meine ich damit nicht, dass wir bereits dann die volle Erkenntnis über all unsere begangenen Sünden haben oder darüber, was alles geändert werden muss. Die Bekehrung ist „lediglich" die Situation, in der der Mensch seine Verlorenheit erkennt und bereit ist, von Herzen zu Gott umzukehren, um ihm fortan zu gehorchen. Dabei muss die Einstellung zu Gott stimmen, die Bereitschaft und das Vertrauen in Gott gegeben sein sowie der Wunsch, Jesus nachzufolgen, egal wo es hingeht. Erst dann werden wir immer wieder aufs Neue auf Dinge in unserem Leben stoßen, die Gott heiligen möchte. Aber die bleibende Bereitschaft dazu muss bestehen bleiben. Gott sieht bei der Bekehrung und auch bei der Heiligung auf unser Herz und damit auf unsere Einstellung. Und so lange die stimmt, sind wir auf dem richtigen Weg.

Zum Thema „Heiligung“ gibt es noch sehr viel mehr zu sagen. Wer sich darüber hinaus dafür interessiert, wie Gott unsere Persönlichkeit und unseren Charakter heilt und heiligt, dem kann ich mein Buch „Christus verkörpern - Gottes Willen verwirklichen“ empfehlen.

Die Heiligkeit im Himmel

Ein Begnadigter wird auf Bewährung entlassen, damit er unter Beweis stellt, dass er sich künftig an die Gesetze des Staates hält und sich positiv in die Gesellschaft integrieren möchte. Der Bewährungshelfer hilft ihm dabei, diesen Wunsch nach einem neuen Leben in die Tat umzusetzen.

Gott begnadigt uns, weil er uns in sein heiliges Reich aufnehmen will. Die Zeit auf Erden ist unsere Bewährungsfrist, in der wir mit einem heiligen Leben und guten Werken beweisen dürfen, dass wir wirklich in den heiligen Himmel wollen.

Glauben wir dem, was Jesus sagt?

> *„Wiederum gleicht das Reich der Himmel einem verborgenen Schatz im Acker, den ein Mensch fand und verbarg. Und vor Freude darüber geht er hin und verkauft alles, was er hat, und kauft jenen Acker." (Mt. 13,44)*

Hast du diesen Schatz im Evangelium schon entdeckt? Ich frage nicht, ob du dies oder jenes über Gott *weißt*, sondern ob du auf den *Schatz*, von dem Jesus spricht, bereits gestoßen bist. Hast du diese Freude, von der Jesus hier spricht? Wer wirklich glaubt, dass er auf dem Weg zur Hölle ist, der fleht um Gnade. Und wer wirklich der Wahrheit glaubt, dass Jesus stellvertretend am Kreuz für uns gestorben ist, um uns die Hölle zu ersparen sowie uns neues, ewiges Leben zu geben und wer wirklich den Geist der Gnade empfangen hat, der empfindet Freude! Freude!! Freude!!! Der ballt die Fäuste und dem entfährt ein Jubelschrei, der durch die Straßen schallt! Der erfährt darüber freigesetzte Freude durch den Glauben, dass Gott ihn begnadet und angenommen hat und er gerettet ist! Hast du dich jemals so sehr gefreut, wie Jesus es an dieser Stelle meint? Hast du den Schatz gefunden, den Gott uns im Evangelium des Reiches Gottes anbietet? Hast du den Heiligen Geist der Gnade wirklich empfangen - oder redest du wie ein Blinder von der Farbe?

Ich habe den Eindruck, dass für viele Menschen Begriffe wie Vergebung, Rechtfertigung, Kind Gottes, Leben im Geist, Ewigkeit, Himmel, usw. zu völlig abgedroschenen Floskeln verkommen sind. Ich betone es noch mal: Verwechsle „Glaube“ nicht mit „Wissen“ oder „zur Kenntnis nehmen“! Viele können über „Geistliches“ reden, diskutieren und bei christlichen Aktionen mitmachen,... aber sie können sich nicht mit dieser unaussprechlichen Freude an Christus und an der Heiligung freuen. Wie kann man nun aber da hingelangen?

Der Schlüssel heißt „Glaube“, schlicht und ergreifend Glaube. Denn echter Glaube wirkt Dankbarkeit in uns. Wenn du glaubst, dass du etwas Tolles geschenkt bekommen hast, dann fühlst du dich auf positive und freiwillige Art und Weise dem Geber verpflichtet: „Oh, danke! Du hast was gut bei mir!“ Und wir freuen uns, wenn wir dem Geber einen entsprechenden Gegendienst erweisen können. Unsere Nachbarin in Norwegen z.B. ließ uns ab und zu ihr Internet benutzen und es war uns eine Freude, dafür einmal eine Besorgung in der Nachbarstadt für sie zu machen. Hätte sie aber gefragt, ob wir ihr das Haus renovieren und ihr dazu unser Auto schenken, hätten wir schon etwas verwirrt drein geschaut, weil diese Gegenleistung in keinem Verhältnis zum Internet und unserer Dankbarkeit stünde. Unsere Dankbarkeit und freiwillige Verpflichtung ist immer in Relation zu dem, was wir empfangen haben. Wenn du das verstehst, dann schau dir mal an, was Paulus im folgenden schreibt:

> *„Denn die Liebe des Christus drängt uns, da wir von diesem überzeugt sind: Wenn einer für alle gestorben ist, so sind sie alle gestorben; und er ist deshalb für alle gestorben, damit die, welche leben, nicht mehr für sich selbst leben, sondern für den, der für sie gestorben und auferstanden ist.“ (2. Kor. 5,14-15)*

Die Liebe Christi drängt uns. Eine andere Übersetzung für „drängt“ lautet: „zwingt“. Keine Angst, kein „fanatischer Zwang“, kein trübes Opferbringen treibt uns dazu, sondern wer dem glaubt, was Gott uns im Evangelium anbietet, der ist dankbar. Dankbarkeit! Glaube wirkt Dankbarkeit - und Dankbarkeit wirkt wiederum eine positive Verpflichtung Gott gegenüber in uns, so dass wir nichts lieber tun als Gottes Willen. Bist du dankbar? Glaubst du überhaupt, dass Jesus wirklich stellvertretend und tatsächlich für dich und alle anderen am Kreuz gestorben ist? Glaubst du wirklich, dass Gott dir die ewige Hölle mit aller ewigen Verdammnis und allen Qualen erspart hat? Glaubst du, dass du ewiges Leben bei Gott im seligen Himmel hast? Wer das von ganzem Herzen glaubt, der ist sowas von dankbar, dass es kracht! Der hat eine Dankbarkeit, die zum Himmel schreit und zwar aus lauter Freude! Den Gläubigen muss man nicht zu einem Dienst motivieren, sondern er will ihn von sich aus tun. Er wartet nur darauf, eine Gelegenheit dafür zu bekommen. Er sucht sie förmlich. Und er möchte, er *will* aus Überzeugung Gott etwas von dem zurückzugeben, was er von ihm erhalten hat. Es drängt ihn, die Liebe Christi zwingt ihn, denn er ist bis zum Geldbeutel gerettet!

Der Gläubige verspürt einen „heiligen Drang“, heilig zu leben und das Reich Gottes zu bauen. Erlebst du das? Wenn nicht, dann gebe ich nichts auf deinen Glauben! Ja, wir werden durch den Glauben gerettet - aber echter Glaube an die Wahrheiten des Evangeliums wirken ins uns Freude, Dankbarkeit und eine positive Verpflichtung zum Dienst. Wir werden durch diesen Glauben zu einem neuen, heiligen Leben freigesetzt.

Wir haben festgestellt, dass Gott uns begnadigt, damit wir uns für den Himmel bewähren. Schau mal, was Jesus dazu sagte:

> *„...von da an wird das Reich Gottes verkündigt, und jedermann drängt sich mit Gewalt hinein." (Lk. 16,16b)*

Wer dem Evangelium glaubt, der drängt sich förmlich in das heilige Leben und in den heiligen Himmel! Wie anders sieht dagegen das laue, fade, kraftlose, langweilige Leben christlich-religiöser Menschen aus! Petrus sagte:

> *„Wenn nun das alles so zergehen wird, wie müßt ihr dann dastehen in heiligem Wandel und frommem Wesen, die ihr das Kommen des Tages Gottes erwartet und erstrebt, an dem die Himmel vom Feuer zergehen und die Elemente vor Hitze zerschmelzen werden! Wir warten aber auf einen neuen Himmel und eine neue Erde nach seiner Verheißung, in denen Gerechtigkeit wohnt. Darum, meine Lieben, während ihr darauf wartet, seid bemüht, daß ihr vor ihm unbefleckt und untadelig im Frieden befunden werdet, und die Geduld unseres Herrn erachtet für eure Rettung,..." (2. Petr. 3,11-15a)*

Wir sollen im heiligen Wandel die Wiederkunft Jesu erwarten und anstreben. Als ich noch zur Schule ging, habe ich Streber nie leiden können, weil ich zeitweise faul war und anderes im Sinn hatte. Aber Gott will, dass wir in der Heiligung Streber sind; ansonsten bleiben wir sitzen. Und das kann ich dir sagen: Wo Gläubige anfangen, nach der Heiligung zu streben und sich bemühen, im Geringen treu zu sein, da werden sie von den faulen „Christen" der Gesetzlichkeit und des Fanatismus bezichtigt; da sind sie übler Nachrede ausgesetzt. „Der hält sich für was Besseres!" Sowas hört man immer wieder. Dabei läuft es genauso ab wie in der Schule. Man mag es nicht, wenn die laue Streichholzschachtelordnung durch ein eifriges und brennendes Leben gestört wird. Aber das sollte uns nicht abschrecken. Denn wer dieses gewaltige Evangelium des Reiches Gottes glaubt, in dem wird Gewaltiges gewirkt. Und Christen sollten sich durch ein gewaltiges Leben auszeichnen. Die Menschen um uns herum sollten sagen können: „Sieh mal, was für ein beeindruckender Haufen das ist!" Der Glaube an das Evangelium erfüllt uns mit einer unglaublichen Kraft des Geistes; in uns werden immense Kräfte freigesetzt, die Freude, Dankbarkeit und die Fülle Gottes in uns wirken. Sieg über Sünde ist die Folge und der Einsatz des ganzen Lebens geschieht aus freiwilliger Überzeugung, denn die Liebe Christi drängt uns dazu. Gott füllt uns nicht mit seinem Geist, damit wir als Christen herumhängen können, sondern damit wir dazu in die Lage versetzt werden, sein Reich zu bauen. Es gibt so viele eindrucksvolle Zeugnisse von Menschen, die unter Gottes Zeichen und Wunder das wunderbare Evangelium zu den Menschen gebracht haben, um diese zu Gott zu führen, damit sie sich mit Gewalt ins Reich Gottes hineindrängen! Was wir tun müssen, um letzteres zu erreichen, wird im folgenden Kapitel behandelt.

In der Wahrheit leben

Heiligung beginnt damit, im Geist und in der Wahrheit zu leben:

> *„...dass Gott euch von Anfang an zum Heil erwählt hat, in der Heiligung des Geistes und im Glauben an die Wahrheit,...“ (2. Thess. 2,13b)*

Nur wer so lebt, kann auch wirklich auf dieselbe Weise mit Gott leben, wie Jesus es tat. Das meinte Jesus, als er sagte:

> *„Aber die Stunde kommt und ist schon da, wo die wahren Anbeter den Vater im Geist und in der Wahrheit anbeten werden; denn der Vater sucht solche Anbeter. Gott ist Geist, und die ihn anbeten, müssen ihn im Geist und in der Wahrheit anbeten.“ (Joh. 4,23-24)*

Nur wer im Heiligen Geist und in der Wahrheit lebt, kann auch so beten und leben, wie Jesus es tat. Wir haben festgestellt, dass unser toter Geist bei der Begnadigung durch Gottes Geist für ein Leben mit ihm lebendig wird. Die Heiligung beginnt also im Geist. Dabei bleibt es aber nicht:

> *„Haltet euch fern von dem Bösen in jeglicher Gestalt! Er selbst aber, der Gott des Friedens, heilige euch durch und durch, und euer ganzes Wesen, der Geist, die Seele und der Leib, möge*

untadelig bewahrt werden bei der Wiederkunft unseres Herrn Jesus Christus!" (1. Thess. 5,22-23)

Gott will uns durch und durch heiligen. Heiligung beginnt im Geist, aber mit der Bekehrung ist nach unserer Umkehr nicht einfach Schluss. Wir müssen nach und nach in die umfassende Wahrheit geleitet werden, indem wir den Wahrheiten, die Gott uns aufzeigt, glauben. Darin besteht eine der Hauptaufgaben des Heiligen Geistes. Jesus sagte, dass wir als Begnadete auf keinen Fall den ganzen Lebenslügen, die wir im Laufe der Zeit verinnerlicht haben, weiterhin erliegen dürfen, sondern sie erkennen und anschließend zurückweisen sollen.

„Wenn aber jener kommt, der Geist der Wahrheit, so wird er euch in die ganze Wahrheit leiten;..." (Joh. 16,13a)

Ein geheiligtes Leben scheitert oft daran, dass wir mit **unzähligen** Lügen und Eigeninterpretationen verseucht sind, die Satan uns eingegeben hat. Wir haben **falsche Überzeugungen** und kennen zu alledem Gottes heiliges Wort zu schlecht. Und die wenigen Wahrheiten Gottes, *die* wir kennen, zweifeln wir, wenn es darauf ankommt, auch noch an. Deshalb leben wir mehr in Lügen als in der Wahrheit. So kann Heiligung nicht gelingen. Aus diesem Grund müssen wir uns von der geistlichen Wahrheit der Heiligen Schrift tiefer und umfassender belehren und überzeugen lassen und sie dann bis ins kleinste Detail glauben, damit wir bestehen können, wenn es darauf ankommt. Nur so werden wir vollkommen heilig werden. Wir müssen die ganze Schrift in ihrem Zusammenhang kennen.

> *„Denn alle Schrift, von Gott eingegeben, ist nütze zur Lehre, zur Zurechtweisung, zur Besserung, zur Erziehung in der Gerechtigkeit, dass der Mensch Gottes vollkommen sei, zu allem guten Werk geschickt.“ (2. Tim. 3,16-17)*

Natürlich wird keiner heilig leben können, wenn er alles andere dem Bibellesen vorzieht und die Heilige Schrift nicht freiwillig und aus Überzeugung studiert. Wenn wir aber wirklich glauben, dass die Bibel Gottes Wort ist, dann werden wir beim eifrigen Studieren der Heiligen Schrift die Wahrheiten erkennen und anerkennen, indem wir unsere eigenen Interpretationen über Gottes Aussagen und unsere Selbstgerechtigkeit gegenüber Gottes Maßstäben verleugnen. Dadurch gelangen wir zur Freiheit.

Mach dir mal folgendes bewusst: Dieser eben zitierte Vers bezieht sich auf das, was wir das „Alte Testament“ nennen. Das, was wir als „Neues Testament“ bezeichnen, gab es zu der Zeit noch gar nicht! Schau dir an, als für wie wichtig Paulus das AT ansieht und denk dann darüber nach, wie es heute demgegenüber links liegen gelassen wird! Jesus hat nie von einem AT gesprochen, sondern von „Psalmen, Schriften und Propheten“ sowie den „Heiligen Schriften“. Das Wort „Altes Testament“ hat man später erfunden. Aber was erzeugt es in uns? „Ach, das ist ja alt! Das brauchen wir nicht lesen, es gilt ja nicht mehr. Jetzt gilt das NT…“ Das ist völliger Unsinn! Auch dass uns im „AT“ ein zorniger Gott präsentiert würde und im NT ein gnädiger Gott, ist absolut nicht haltbar. Du wirst in den Heiligen Schriften (dem AT) unzählige Aussagen über Gottes Gnade und Barmherzigkeit finden **und im NT befinden sich die deutlichsten Stellen über die endzeitlichen Gerichte und die Hölle!** Niemand sprach in der Bibel öfter und deutlicher über die Hölle als Jesus selbst!

Wir haben vorhin hervorgehoben, dass Gottes Gerichtsverkündigung wie auch die Gerichtsvollstreckung zu seiner Gnade untrennbar dazugehören. Das wissen aber die Wenigsten, weil sie Gottes Wahrheit in den Heiligen Schriften nicht wahrhaben wollen. Wir werden in den Gemeinden von unzähligen Lügen verseucht und nur, wenn wir die Bibel wirklich lesen und uns vom Heiligen Geist belehren und leiten lassen, werden wir uns daraus befreien und in die Wahrheit gelangen können. Ansonsten werden wir von Gott dem Vater reden und vom Heiligen Geist schwärmen, aber Gott und sein Handeln nicht wirklich verstehen, sondern uns immer wieder in ihm täuschen und damit immer wieder enttäuscht sein. Dasselbe gilt auch für das Thema Heilung: Die einen sagen: „Gott heilt alle. Du musst nur glauben." Die anderen behaupten, dass Gott überhaupt nicht mehr heilt. Dabei bietet Gott uns in seinem Wort eine große Vielfalt von Gründen für Krankheiten und zeigt uns dabei seine Vorgehensweise und Absichten auf, wenn er diese zulässt. Wer das nicht weiß, steht in der Gefahr, sich und andere zu täuschen und am Schluss der Enttäuschte zu sein. Mehr dazu kann in meinem Buch „Göttliche Heilung" nachgelesen werden.

Es ist schön, wenn du gute Bibellehrer hast, aber verlass dich nicht alleine auf sie, sondern lies selber die Bibel und überprüfe das Gesagte. Denn Gottes Wort warnt in aller Deutlichkeit vor Irrlehrern, falschen Propheten, Wölfen im Schafspelz, usw. Du kannst doch nicht ungeprüft alles glauben, was dir die „christlichen Superstars" an Blauem vom Himmel erzählen! Ich könnte Bände damit füllen, was in dieser Hinsicht alles drunter und drüber läuft, aber das würde nichts nützen. Lies selber die Bibel und prüfe alles, was du hörst! Bitte Gott, dass er dich vor einseitigen Ansichten und Irrlehren bewahrt und dass er dir den Verstand öffnet, wenn du die Bibel liest! Jesus will uns von allen Lügen Satans befreien, auch solchen, die in den christlichen Kreisen kursieren.

> *„Wenn euch der Sohn frei macht, so seid ihr wahrhaft frei." (Joh. 8,36)*

Glaub aber nicht, dass wir einfach abwarten sollen, bis Jesus uns durch eine Wunderwirkung vom Himmel verändert und vollkommen macht! Jesus selbst sagte immer wieder Sätze wie:

> *„Ihr werdet die Wahrheit erkennen und die Wahrheit wird euch frei machen." (Joh. 8,32)*

> *„Euch geschehe nach eurem Glauben!" (Mt. 9,29)*

Manche würden entgegnen: „Nein, sondern der Heilige Geist muss eingreifen!" Aber studiere doch die Heilige Schrift und erkenne das Werk des Heiligen Geistes in diesem Zusammenhang! Jesus sagt:

> *„Der Geist ist es, der lebendig macht, das Fleisch nützt gar nichts. Die Worte, die ich zu euch rede, sind Geist und sind Leben." (Joh. 6,63)*

Die Worte sind Geist und Leben. Der Heilige Geist wirkt in diesem Zusammenhang nicht magisch an unserem Willen, Glauben und unserer Selbstverleugnung vorbei, sondern Jesus betont, dass seine Worte nicht vom Heiligen Geist zu trennen sind. Die Worte Jesu wirken das heilige Leben, wenn wir ihnen ganz bewusst Glauben schenken. Deshalb wird der Heilige Geist auch „Geist der Wahrheit" genannt.

> *„Wenn aber jener kommt, der Geist der Wahrheit, so wird er euch in die ganze Wahrheit leiten;..." (Joh. 16,13a)*

Der Heilige Geist ist der Geist der Wahrheit. Seine Aufgabe ist es, uns wegzuleiten von den lügenhaften Eigeninterpretationen Satans hin zu der ganzen biblischen Wahrheit. Glaube doch, dass du die Wahrheit soweit erfassen kannst, dass du heilig leben kannst! Der Heilige Geist will dabei dein neuer Lebensexperte für jeden Lebensbereich sein.

> *„...der heilige Geist, den mein Vater senden wird in meinem Namen, der wird euch alles lehren und euch an alles erinnern, was ich euch gesagt habe." (Joh. 14,26)*

Der Heilige Geist hat also auch bei der Heiligung des Menschen zwei Aufgaben. Erstens: Er **lehrt uns**, wenn wir die Heilige Schrift studieren oder der Verkündigung zuhören, und zweitens: Er **erinnert uns** in den jeweiligen Alltagssituationen an das gelernte Wort:

> *„Und darum danken wir auch Gott ohne Unterlaß dafür, daß ihr das Wort der göttlichen Predigt, das ihr von uns empfangen habt, nicht als Menschenwort aufgenommen habt, sondern als das, was es in Wahrheit ist, als Gottes Wort, das in euch wirkt, die ihr glaubt." (1. Thess. 2,13)*

Wenn wir Gottes Wort glauben, dann wirkt es. Und unter anderem bewirkt es ein heiliges Leben in uns.

WAS TUN, WENN WIR DOCH WIEDER GESÜNDIGT HABEN?

Wir haben gesehen, dass ein Begnadeter auf Bewährung aus der Haft entlassen wurde und dass der Bewährungshelfer alles dafür tut, damit der Begnadete im neuen Leben Fuß fassen kann. Nun darf die Freiheit des Geistes nicht zum Sündigen missbraucht werden, denn wenn wir den Heiligen Geist der Gnade durch bewusste Sünde schmähen, dann stehen wir in akuter Gefahr, aus der Gnade zu fallen. Was können wir also tun, wenn wir aus Versehen und im Eifer des Gefechts doch wieder gesündigt haben? Auf gar keinen Fall sollten wir anschließend so tun, als ob nichts wäre! Der Gedanke: „Ach, Gott ist ja gnädig…" ist zwar wahr, aber mach dir bewusst, dass uns Satan biblische Wahrheiten einreden kann, um uns dazu zu bringen, unangemessen zu handeln. Erst führt er uns in Versuchung, indem er uns zur Sünde anstachelt und wenn wir hin und her schwanken, redet er uns schnell ein: „Gott ist ja gnädig, er wird dir wieder vergeben, wenn du gesündigt hast!" Wenn du dann gesündigt *hast*, redet Satan dir ein: „Du bist vielleicht ein Versager, aber Gott sei Dank (!), Gott vergibt dir ja!" Damit erreicht er in dir, dass du dich nach der Sünde nicht konkret an Gott wendest und Buße tust, sondern langsam aber sicher ohne persönliche Beziehung zu Gott und mit einer „Theologie" lebst, die dir der Teufel eingibt, nicht der Heilige Geist. Satan könnte, nachdem du gesündigt hast, aber auch sagen:

„Jetzt hast du gesündigt und Gott wird dich nicht mehr annehmen. Du bist aus der Gnade gefallen!" Achtung: In beiden Fällen müssen wir erkennen, dass wir gesündigt haben und voll unter dem Einfluss Satans stehen, der uns mit „dämonischer Theologie" unter der Herrschaft der Sünde behalten will! So kommen wir im geistlichen Leben keinen Meter weiter. Gott will nicht, dass du nur mit „richtigen Theologien" lebst, sondern mit ihm! Es gibt so viele Menschen, die ihr ganzes Leben nichts anderes tun, als „richtige, biblische Wahrheiten" in ihrem Kopf hin und her zu bewegen. Doch ein Leben mit Gott ist mehr. Gott will, dass du dich an ihn wendest und mit ihm lebst. Dann wird dich der Heilige Geist belehren und in die Wahrheit leiten.

Du kannst Gott im Moment der Anfechtung fragen: „Gott, du siehst, was los ist! Was ist deine Meinung dazu?" Dabei müssen wir lernen, mit dem Willen Gottes übereinzustimmen und in Harmonie mit ihm zu bleiben, wie Jesus es im Garten Gethsemane tat, als er in Anfechtung geriet. Wir werden immer wieder angefochten werden, nicht mehr in dieser Harmonie zu leben. Die Lebensumstände sind herausfordernd, die Menschen um uns herum oft böse und Satan will sich in uns und durch uns verwirklichen. Hier müssen wir uns bewähren. Hier müssen wir Gottes heilige Ziele im Auge behalten, unsere heiligen Prioritäten stärken, unsere biblischen Werte festigen und unsere geistlichen Motive praktizieren. Das

Leben im Geist und Glauben ist ein Kampf - nimm diesen Kampf auf!

Es kann schnell passieren, dass wir auf dem Weg der Heiligung doch wieder in Sünde fallen. Nicht, dass wir fallen *müssen*! Wir müssen nicht in Sünde fallen. Wir können und sollen den Sieg über die Sünde erlangen, aber wir können auch fallen. Das erfahren gerade diejenigen besonders schmerzhaft, die wirklich heilig leben wollen. Demgegenüber tut denen, die die Gnade als Deckmantel für ihre Sünden sehen und der Heiligung gleichgültig und lau gegenüberstehen, eine Sünde nicht so leid. Solche Menschen argumentieren mit Satans Worten: „Nobody is perfect" oder „Das passiert jedem mal" oder „Einmal ist keinmal". Wer so daherredet, für den sehe ich schwarz! Der beweist mit seinen Worten, dass er nicht auf dem Weg der Heiligung ist. Aber jemand, der wirklich heilig leben möchte, dem tut eine Sünde aufrichtig leid, im wahrsten Sinne des Wortes. Er leidet, weil er weiß, dass er jetzt auf Satan gehört und Gott damit weh getan hat. Er liebt Gott und es tut ihm sehr weh, dass er sich an ihm versündigt und den Heiligen Geist der Gnade gedämpft hat.

Gott zeigt uns klar auf, was wir im Falle einer Sünde tun müssen. Wir müssen unsere Sünde augenblicklich bekennen und unbedingt wieder mit Gott ins Reine kommen - und das geschieht nicht dadurch, dass wir einfach biblische Wahrheiten bejahen, sondern indem wir uns bewusst und persönlich im Gebet an Gott wenden, unsere Sünde bekennen, um Vergebung bitten - und im Glauben erleben, dass Gott uns vergibt und annimmt. Ein Leben mit Gott ist viel mehr, als nur mit dem Wissen über biblische Wahrheiten zu leben. Wenn jemand etwas, das mir gehört, beschädigt, sich dabei denkt: „Der Kornelius ist ja gnädig, das ist schon okay" und sich nicht bei mir meldet, dann habe ich damit ein echtes Problem. Gott will nicht nur, dass wir einige Wahrheiten über ihn kennen, sondern dass wir mit ihm leben und reden. Ja, es stimmt, dass, wenn wir gesündigt haben, folgendes Wort gilt:

> *„...das Blut Jesu Christi, seines Sohnes, reinigt uns von aller Sünde." (1. Joh. 1,7b)*

Es gibt keine Sünde, die Gott nicht vergeben kann. Aber die kleinste Sünde kann uns von Gott wegführen!

> *„Wenn wir sagen, daß wir keine Sünde haben, so verführen wir uns selbst, und die Wahrheit ist nicht in uns." (1. Joh. 1,8)*

Gott zeigt uns, wie wir vorgehen müssen, damit wir wieder mit ihm ins Reine kommen:

> *„Wenn wir aber unsere Sünden bekennen, so ist er treu und gerecht, daß er uns die Sünden vergibt und uns reinigt von aller Ungerechtigkeit." (1. Joh. 1,9)*

Vergebung gibt es nur dort, wo Sünde erkannt und bekannt wird. Wenn uns aber der Heilige Geist, unser Bewährungshelfer, zur Rede stellt und ermahnt und wir uneinsichtig bleiben, dann wird es gefährlich:

> *„Wenn wir sagen, daß wir nicht gesündigt haben, so machen wir ihn zum Lügner, und sein Wort ist nicht in uns." (1. Joh. 1,10)*

Verheimlichen, verschweigen, Schwamm drüber, einen finden, auf den man die Schuld schieben kann,... All das sind Beispiele für einen falschen Umgang mit Sünde und mit denen wir Gott, der uns zur Buße aufruft, zum Lügner machen. Doch der Heilige Geist möchte uns helfen, damit wir *nicht* weiter sündigen.

> *„Meine Kinder, dies schreibe ich euch, damit ihr nicht sündigt! Und wenn jemand sündigt, so haben wir einen Fürsprecher bei dem Vater, Jesus Christus, den Gerechten; und er ist das Sühnopfer für unsere Sünden, aber nicht nur für die unseren, sondern auch für die der ganzen Welt." (1. Joh. 2,1-2)*

Warum begnadigt Gott uns? Damit wir nicht sündigen. Wenn wir in unserem Leben unter der Gnade in Sünde fallen, dann sollten wir das nicht als normal ansehen, sondern aufrichtig Buße dafür tun und es mit Gott und den Menschen in Ordnung bringen. Denn jeder Rückfall hat die

Tendenz zum Abfall! Aber Gott sei Dank! Wenn wir aufrichtig um Vergebung unserer Sünden bitten, dann wird Gott uns nicht aus der Gnade nehmen, sondern wieder unter das Urteil stellen, weil Jesus unser Fürsprecher ist.

Doch pass auf, dass du die aufrichtige Buße und die Reinigung des Gewissens nicht mit theologischen Gedankenspielereien verwechselst! Es ist ein Unterschied, ob ich mit Gott lebe, sein Geist mich auf meine Sünde aufmerksam macht, ich Buße tue und erlebe, dass Gott mich reinigt, oder ob ich einfach denke: „Gott ist ja gnädig, also ist das okay!" Ich betone es noch einmal: Gott ist kein Theologe! Er will nicht, dass wir richtig formulieren können, sondern dass wir aufrichtig und real mit ihm leben.

> *„Und daran erkennen wir, daß wir ihn erkannt haben, wenn wir seine Gebote halten."*
> *(1. Joh. 2,3)*

Daran erkennst du einen Menschen, der Gott wirklich kennt: Er lebt in Harmonie mit Gottes Willen.

> *„Wer sagt: Ich habe ihn erkannt, und hält doch seine Gebote nicht, der ist ein Lügner, und in einem solchen ist die Wahrheit nicht." (1. Joh. 2,4)*

Das sind diejenigen, die sich und andere mit ihren religiösen Illusionen täuschen. Sie reden von

Gott und Gnade, leben aber nicht in Harmonie mit Gottes Willen.

> *„...wer aber sein Wort hält, in dem ist wahrhaftig die Liebe Gottes vollkommen geworden." (1. Joh. 2,5a)*

Vollkommene Liebe wird nicht auf Gefühlskonferenzen bewiesen, sondern im Alltag! Ich weise zum Schluss noch einmal auf die Tatsache hin: Ein Leben in der Gnade ist ein Leben in der Heiligung.

> *„Denn die Gnade Gottes ist erschienen, die heilbringend ist für alle Menschen; sie nimmt uns in Zucht, damit wir die Gottlosigkeit und die weltlichen Begierden verleugnen und besonnen und gerecht und gottesfürchtig leben in der jetzigen Weltzeit, indem wir die glückselige Hoffnung erwarten und die Erscheinung der Herrlichkeit des großen Gottes und unseres Retters Jesus Christus, der sich selbst für uns hingegeben hat, um uns von aller Gesetzlosigkeit zu erlösen und für sich selbst ein Volk zum besonderen Eigentum zu reinigen, das eifrig ist, gute Werke zu tun. Dieses sollst du lehren und mit allem Nachdruck ermahnen und zurechtweisen." (Tit. 2,11-15a)*

Gott will ein heiliges Volk und wer das wahre Evangelium kennt, der weiß, dass niemand verloren gehen *muss*. Das vollbrachte und verkündigte

Werk am Kreuz hat das Potential, uns zu heiligen. Der Heilige Geist, unser Bewährungshelfer, tut alles dafür, damit wir heilig leben und Raum zur Buße finden, wenn wir doch in Sünde gefallen sind. Aber wer meint, dass er auf der Grundlage der Gnade und des Kreuzes ein sündiges Leben führen kann, der soll sich folgende Aussage durchlesen:

> *„Wenn jemand das Gesetz Moses verwirft, muß er ohne Erbarmen sterben auf die Aussage von zwei oder drei Zeugen hin; wieviel schlimmerer Strafe, meint ihr, wird derjenige schuldig erachtet werden, der den Sohn Gottes mit Füßen getreten und das Blut des Bundes, durch das er geheiligt wurde, für gemein geachtet und den Geist der Gnade geschmäht hat? Denn wir kennen ja den, der sagt: Die Rache ist mein; ich will vergelten! spricht der Herr, und weiter: Der Herr wird sein Volk richten. Es ist schrecklich, in die Hände des lebendigen Gottes zu fallen!" (Hebr. 10,29-31)*

Wir sollten als Gemeinde die Worte des Petrus ernst nehmen:

> *„Die jetzigen Himmel aber und die Erde werden durch dasselbe Wort aufgespart und für das Feuer bewahrt bis zum Tag des Gerichts und des Verderbens der gottlosen Menschen. Dieses eine aber sollt ihr nicht übersehen, Geliebte, daß ein Tag bei dem Herrn ist wie tausend*

Jahre, und tausend Jahre wie ein Tag! Der Herr zögert nicht die Verheißung hinaus, wie etliche es für ein Hinauszögern halten, sondern er ist langmütig gegen uns, weil er nicht will, daß jemand verlorengehe, sondern daß jedermann Raum zur Buße habe. Es wird aber der Tag des Herrn kommen wie ein Dieb in der Nacht; dann werden die Himmel mit Krachen vergehen, die Elemente aber vor Hitze sich auflösen und die Erde und die Werke darauf verbrennen. Da nun dies alles aufgelöst wird, wie sehr solltet ihr euch auszeichnen durch heiligen Wandel und Gottesfurcht, indem ihr das Kommen des Tages Gottes erwartet und ihm entgegeneilt, an welchem die Himmel sich in Glut auflösen und die Elemente vor Hitze zerschmelzen werden! Wir erwarten aber nach seiner Verheißung neue Himmel und eine neue Erde, in denen Gerechtigkeit wohnt. Darum, Geliebte, weil ihr dies erwartet, so seid eifrig darum bemüht, daß ihr als unbefleckt und tadellos vor ihm erfunden werdet in Frieden! Und seht die Langmut unseres Herrn als eure Rettung an,…" (2. Petr. 3,7-15a)

Vielleicht denkst du: „Das ist alles viel zu eng!" Aber wovon hat Jesus gesprochen, als er von dem schmalen Weg und der engen Pforte sprach? Auf der anderen Seite wissen wir eins: Dieser schmale Weg ist breit genug, um mit Freude, Friede, Liebe und Glückseligkeit auf ihm zu gehen. Auf diesem Weg können wir Gottes Gnade und Fürsorge erleben, die Kraft seines Geistes in unserem Leben und Dienst, usw. Wer auf diesem schmalen Weg geht, der hat die Gewissheit des ewigen Lebens, der kennt seinen Weg, seinen Begleiter und das Ziel. Dieser schmale Weg ist kein Weg der Angst, der Unsicherheit oder des Zwangs, sondern es ist ein Weg, auf dem sich Menschen befinden, die ihn freiwillig und aus Überzeugung gehen, aus Liebe zu Gott und den Nächsten. Natürlich möchte ich die Beziehung zwischen Gott und uns nicht auf die eines Richters und eines verurteilten Straftäters reduzieren, die durch einen Bewährungshelfer aufrecht erhalten bleibt. Gott ist wirklich unser Vater sowie Jesus wirklich unser Freund ist und darüber gibt es noch viel mehr zu schreiben. Aber wir tun uns und den anderen keinen Gefallen, wenn wir die behandelten Tatsachen ignorieren. Ich betone es deshalb noch einmal: Eine biblische Wahrheit darf nicht auf Kosten einer anderen überbetont werden.

Es ist meine Hoffnung, dass uns die Liebe zu Gott und den Menschen wieder dahin bringt, dass wir ihnen das wahre Evangelium nicht verschweigen. Ein Evangelist bzw. Verkündiger muss Gottes Wort wirklich verkündigen. Dabei sollte er zunächst mit dem heiligen und gerechten Gott beginnen. Als zweiten Punkt sollte aufgezeigt werden, dass wir vor Gott schuldig sind. Anschließend muss Gottes Urteil, sein Gericht und die gerechte Strafe, die uns erwartet, aufgezeigt werden. Nur wer dem glaubt, wird offen für das Werk am Kreuz und die Gnade werden. Dabei ist es unerlässlich, dass die

Stellvertretung Jesu im Zentrum des Evangeliums steht. Aber die Tatsache, dass nur begnadet wird, wer bußfertig umkehrt, darf nicht verschwiegen werden. Wer nicht den Mut hat, diese Botschaft auf solch eine Weise zu vermitteln, der sollte sich fragen, was er als Prediger überhaupt erreichen möchte. Sich in den Mittelpunkt stellen? Einen gut bezahlten Job? Dann sollte er sich lieber zu den Sündern setzen und zuhören.

Bist du begnadigt und lebst in der Heiligung? Ist deine Beziehung zu Gott im Reinen, oder willst du Sünden verharmlosen und verheimlichen?

> *„Erforsche mich, o Gott, und erkenne mein Herz; prüfe mich und erkenne, wie ich es meine; und sieh, ob ich auf bösem Weg bin, und leite mich auf dem ewigen Weg!“ (Ps. 139,23-24)*

Weitere Bücher aus der Reihe „Heiße Eisen“:

ALLVERSÖHNUNG

Was sagt die Bibel dazu?

Viele Christen wollen sich nicht damit abfinden, dass die Menschen, die ohne Jesus sterben, ewig in der Hölle leiden müssen. Sie sind der Ansicht, dass schließlich alle Menschen und womöglich sogar der Teufel und die Dämonen von Gott begnadigt werden. Wenn die Bibel von der Ewigkeit der Höllenstrafe spricht, so sei damit keine endlose Dauer, sondern nur ein sehr langer Zeitraum gemeint. Aber ist diese Lehre wirklich mit der Bibel vereinbar? Diese Frage soll in diesem Band eingehend untersucht werden.

Reihe Heiße Eisen 1 - Bestell-Nr.: 30-5-850

Unverlierbarkeit des Heils

Was sagt die Bibel dazu?

„Einmal bekehrt – für immer errettet." Das steht für viele Christen unumstößlich fest. Auch ein Leben in Sünde nach der Bekehrung könne niemals dazu führen, dass ein wahrer Christ wieder verloren geht. Hierfür beruft man sich zudem auf viele Bibelstellen. Aber ist diese Auffassung wirklich das, was die Bibel zu diesem Thema lehrt? Diese Frage soll in diesem Band eingehend untersucht werden.

Reihe Heiße Eisen 2 - Bestell-Nr.: 30-5-851

VORENTRÜCKUNG

Was sagt die Bibel dazu?

Viele Christen sind der festen Überzeugung, dass die Gemeinde Jesu die Große Trübsal mit der Weltherrschaft des Antichristen, die der Wiederkunft Jesu vorangeht, nicht mehr mitzuerleben brauche, weil sie vor deren Beginn von Jesus zu sich in den Himmel entrückt werde. Für viele ist dieser Gedanke ein großer Trost, gerade auch in unserer Zeit, die immer mehr endzeitlichen Charakter trägt. Aber lehrt die Bibel wirklich die Vorentrückung? Diese Frage soll in diesem Band eingehend untersucht werden.

Reihe Heiße Eisen 3 - Bestell-Nr.: 30-5-852

GÖTTLICHE HEILUNG

Was sagt die Bibel dazu?

Über das Thema „Göttliche Heilung" gibt es viele unterschiedliche Meinungen, die wir mal unter die biblische Lupe nehmen wollen. Heilt Gott heute noch oder nicht mehr? Heilt Gott alle, wenn man nur glaubt, oder gibt es bei Krankheiten auch andere Absichten Gottes? Wir wollen mal genau hinsehen! Dazu werde ich einige hochinteressante Erfahrungen berichten, u.a. vom biblischen Umgang mit Krankheiten und von Geschehnissen auf Heilungsgottesdiensten. Das Buch ist ein Augenöffner!

Reihe Heiße Eisen 4 - Bestell-Nr.: 30-5-867

Die Reihe „Heiße Eisen" wird fortgesetzt.